www.QuoraChinese.com

CHINESE SHORT STORIES FOR BEGINNERS PART 1

中国语言故事

QING QING JIANG

PREFACE

Let's learn some famous Chinese short stories (学习中文短篇小说)! There are so many ancient fables (寓言故事) that are well-known in China. In order to better understand the Chinese culture, it's very important to know these stories. Although China has its own set of huge collection of ancient fables, there are numerous famous fables of foreign origin, such as Aesop's Fables (伊索寓言) that are very much appreciated in China.

I'm glad to bring you to the Chinese Short Stories series. The series contains numerous fables popular in China. I'm also including a few non-Chinese stories that are part of Chinese textbooks.

Each book in the Chinese Short Stories series contains 10 short stories spread in 10 chapters. For the readers' convenience, a comprehensive list of vocabulary has been provided at the beginning of each chapter. The pinyin for the Chinese text is provided after the main text. English interpretation of the two stories has been included. Further, to enforce deeper learning, the English interpretation of the rest of the Chinese text (eight stories) has been purposely excluded from the books. This would help the readers think deeply about the contents the way native Chinese think. In order to help the Chinese learner remember important characters, words, long words, idioms, etc., these entities have been purposely repeated throughout the book, and across the books in the series. Taken together, the books in Chinese Short Stories will tremendously help readers improve their Chinese reading skills.

If you have any questions, suggestions, and feedbacks, feel free to let me know in the review or comments.

You can find more about China and Chinese culture on my Amazon homepage.

I blog at: **www.QuoraChinese.com**

-Qing Qing 江清清

©2023 Qing Qing Jiang

All rights reserved.

Self-Learn Mandarin Chinese, Easy Sentences, Vocabulary, Words, Improve Reading Skills, HSK All Levels (Pinyin, English, Simplified Characters)

ACKNOWLEDGMENTS

I am a blogger. It has been a long and interesting journey since I started blogging quite a few years ago.

The blogging passion enabled me to write useful contents. In particular, I have been writing about China, and its culture.

My passion in writing was supported by my friends, colleagues, and most importantly, the almighty.

I thank everyone for constantly inspiring me in my life endeavours.

CONTENTS

PREFACE 2
ACKNOWLEDGMENTS 4
CONTENTS 5
REPLACE OX WITH SHEEP (以羊替牛) 6
A PERSON IN A DESPERATE SITUATION (涸辙之鱼) 11
THE TORTOISE AND THE HARE (龟兔赛跑) 18
TO OFFER A HUMBLE APOLOGY (负荆请罪) 21
JADE AND EARTHEN POTS (玉器和瓦罐) 30
FOOLS BUY SHOES (愚人买鞋) 41
THE RABBIT ATE THE GRASS BESIDE THE NEST (兔子吃了窝边草) 50
CAPTURE OSPREY (智擒鱼鹰) 55
KNOW A MISTAKE AND THEN CORRECT IT (亡羊补牢) 60

REPLACE OX WITH SHEEP (以羊替牛)

The fable (寓言故事) of "using sheep instead of ox" (以羊替牛) tells about King Xuan of Qi (齐宣王, about 350 BC to 301 BC), a hypocritical king.

In ancient times, people held sacrificial ceremonies in the ancestral temples (祠庙, memorial temple) on certain days to express their devotion to the gods and to seek the blessing of the gods.

This sacrificial ceremony (祭祀) was called "sacrificial bell" (祭钟). Whenever the sacrifice ceremony was held, either an ox or a sheep were to be killed, and then the head of the ox (or the sheep) was placed on the sacrifice table on a large wooden plate and people would stand at the table and pray.

One day, a man came to the capital of Qi State (齐国, 1046 BC-221 BC), and he walked past the imperial palace hall (皇宫大殿) with an ox. At this time, King Qi Xuan saw it at the gate of the hall, and ordered someone to stop the man who was carrying the ox.

The king met the man and asked him, "Where are you going to take this ox?"

The man replied, "I want to bring it to the sacrifice ceremony. It will be slaughtered."

After King Xuan of Qi heard this, he looked at the ox, and said, "This ox has committed no sin, how can you kill it for no reason? Seeing its trembling appearance, I really feel sorry and I can't bear to see the ox getting killed. Let it go!"

The man who carried the bull said: "Your Majesty, you are so merciful. Why don't you abolish the ritual of sacrifice?"

"How can this be abolished?" Qi King Xuan became serious and continued, "Well, let's replace the ox with a sheep!"

This fable tells us not to be too hypocritical. We all know that either killing a cattle or a sheep, is killing a life. The compassion for cattle and cruelty to sheep are actually the just hypocrisy.

King Xuan of Qi's use of sheep instead of an ox has been just a trick to deceive people, which showed his hypocrisy.

Either we kill an ox or a sheep, a life is lost. Their lives are equally precious.

Chinese (中文)

1	在古代	Zài gǔdài	In ancient times; in the old days; in the ancient time
2	寺庙	Sìmiào	House of God; temple
3	祠堂	Cítáng	Ancestral hall; ancestral temple; memorial temple; clan hall
4	隆重	Lóngzhòng	Grand; solemn; ceremonious
5	祭祀	Jìsì	Offer sacrifices to gods or ancestors
6	神灵	Shénlíng	Gods; deities; divinities
7	敬畏	Jìngwèi	Hold in awe and veneration; revere
8	信奉	Xìnfèng	Believe in; embrace
9	虔诚	Qiánchéng	Pious; devout; devoted
10	叫做	Jiàozuò	Be called; be known as
11	每次	Měi cì	At every turn
12	宰杀	Zǎishā	Slaughter; butcher
13	木制	Mù zhì	Wooden

14	盘子	Pánzi	Tray; plate; dish; salver
15	供奉	Gòngfèng	Enshrine and worship; consecrate
16	桌子	Zhuōzi	Table; desk
17	双手合十	Shuāngshǒu héshí	Put one's palms together devoutly
18	祈祷	Qídǎo	Pray; say one's prayers; supplicate
19	有一次	Yǒu yīcì	Once; on one occasion
20	齐国	Qí guó	Ancient state of Qi in what is now Shandong
21	都城	Dūchéng	Capital (of a country); manor for a minister
22	一个人	Yīgè rén	One
23	皇宫	Huánggōng	Imperial palace; palace
24	牵牛	Qiān niú	Lead an ox
25	到哪里	Dào nǎlǐ	Wither
26	拿去	Ná qù	Take away
27	说到	Shuō dào	Mention; speak of; refer to; as to
28	没有什么	Méiyǒu shé me	Nothing the matter; nothing wrong
29	罪过	Zuìguo	Fault; offence; sin
30	战战兢兢	Zhànzhàn jīngjīng	Trembling with fear; be afraid and trembling
31	颤抖	Chàndǒu	Shake; tremble; quiver; twitter
32	忍心	Rěnxīn	Have the heart to; be hardhearted enough to; pitiless; hardhearted
33	要不	Yào bù	Otherwise; or else; or
34	大王	Dàwáng	King; monarch; magnate
35	沉思	Chénsī	Ponder; meditate; be lost in thought; muse
36	屠杀	Túshā	Massacre; butcher; slaughter
37	残忍	Cánrěn	Cruel; ruthless; merciless; brutality

38	虚伪	Xūwèi	Sham; false; hypocritical
39	仁慈	Réncí	Benevolent; merciful; kind
40	只不过	Zhǐ bùguò	Only; just; merely; no more than
41	骗人	Piàn rén	Deceive people; cheat others; juggler with somebody

在古代，百姓们每到特别重要的节日，都会在寺庙祠堂里举办隆重的祭祀仪式，用于表达对神灵的敬畏、信奉以及虔诚之一，以此来求得神灵的保护。这种祭祀的仪式就叫做"祭钟"。

每次到祭钟的时候都要宰杀一只羊或者一头牛，然后将牛或者羊的头用木制的盘子装起来放在供奉的桌子上，人们跪在桌子前，双手合十放在胸前开始祈祷。

有一次，来自齐国都城里的一个人，他手里牵着一头牛在皇宫的大殿前走过的时候，正好被站在宫殿门口的齐王看见了，于是让手下叫住牵牛的人，问道："你要把这只牛牵到哪里去呢？"牵牛的人回答说："我要把牛宰了，拿去祭祀。"

齐王听到后，说到："这头牛本身没有什么罪过，你看这头牛战战兢兢、颤抖的样子，怎么忍心把它杀了呢？要不把它放了吧。"

牵牛的人答到："大王您真是心善，那您就把这祭钟的仪式取消了吧。"

齐王说："这个祭钟的仪式是不能废除的。"齐王沉思了一会儿说到："要不就用一只羊代替吧。"这个故事告诉大家，不管是牛还是羊，都是生命，宰牛杀羊都是在屠杀生命。对牛的善良和对羊的的残忍在本质上都是虚伪的仁慈，不能算真正意义上的仁慈。齐王以羊替牛只不过是为骗人，由此可以看出他的虚伪。

Pinyin (拼音)

Zài gǔdài, bǎixìngmen měi dào tèbié chóng yào de jiérì, dūhuì zài sìmiào cítáng lǐ jǔbàn lóngzhòng de jìsì yíshì, yòng yú biǎodá duì shénlíng de jìngwèi, xìnfèng yǐjí qiánchéng zhī yī, yǐ cǐ lái qiú dé shénlíng de bǎohù. Zhè zhǒng jìsì de yíshì jiù jiàozuò "jì zhōng".

Měi cì dào jì zhōng de shíhòu dōu yào zǎishā yī zhǐ yáng huòzhě yītóu niú, ránhòu jiāng niú huòzhě yáng de tóu yòng mù zhì de pánzi zhuāng qǐlái fàng zài gòngfèng de zhuōzi shàng, rénmen guì zài zhuōzi qián, shuāngshǒu héshí fàng zài xiōng qián kāishǐ qídǎo.

Yǒu yīcì, láizì qí guó dūchéng lǐ de yīgè rén, tā shǒu lǐ qiānzhe yītóu niú zài huánggōng de dàdiàn qián zǒuguò de shíhòu, zhènghǎo bèi zhàn zài gōngdiàn ménkǒu de qí wáng kànjiànle, yúshì ràng shǒuxià jiào zhù qiān niú de rén, wèn dào:"Nǐ yào bǎ zhè zhǐ niú qiān dào nǎlǐ qù ne?" Qiān niú de rén huídá shuō:"Wǒ yào bǎ niú zǎile, ná qù jìsì."

Qí wáng tīng dào hòu, shuō dào:"Zhè tóu niú běnshēn méiyǒu shé me zuìguo, nǐ kàn zhè tóu niú zhànzhànjīngjīng, chàndǒu de yàngzi, zěnme rěnxīn bǎ tā shāle ne? Yào bù bǎ tā fàngle ba."

Qiān niú de rén dā dào:"Dàwáng nín zhēnshi xīn shàn, nà nín jiù bǎ zhè jì zhōng de yíshì qǔxiāole ba."

Qí wáng shuō:"Zhège jì zhōng de yíshì shì bùnéng fèichú de." Qí wáng chénsīle yīhuǐ'er shuō dào:"Yào bù jiù yòng yī zhǐ yáng dàitì ba." Zhège gùshì gàosù dàjiā, bùguǎn shì niú háishì yáng, dōu shì shēngmìng, zǎi niú shā yáng dōu shì zài túshā shēngmìng. Duì niú de shànliáng hé duì yáng de de cánrěn zài běnzhí shàng dū shì xūwěi de réncí, bùnéng suàn zhēnzhèng yìyì shàng de réncí. Qí wáng yǐ yáng tì niú zhī bùguò shì wèi piàn rén, yóu cǐ kěyǐ kàn chū tā de xūwěi.

A PERSON IN A DESPERATE SITUATION (涸辙之鱼)

Zhuangzi (庄子, about 369 BC- 286 BC), also known as Zhou (周), was a native of the Song State (宋国, 11th century BC-286 BC), a Zhou Dynasty vassal state (周朝诸侯国) during the Warring States Period. He was a thinker, philosopher, writer, and a leading figure of the Taoist school.

Zhuangzi's family was so poor that often it was impossible to eat anything. In desperation, Zhuangzi had to bite the bullet and went to seek help from Jinhe Hou (监河侯), a governmental official (官吏家) who was supervising the work near the river.

Seeing that Zhuangzi came to the door for help, Jinhe Hou readily agreed to help him. He said, "Yes, I will lend you three hundred taels of silver as soon as I receive the rent."

When Zhuangzi heard this, his joy turned to anger, and his face turned pale with anger. He said angrily to the Jinhe Hou: "When I was on my way to the mansion yesterday, I heard a cry for help. I looked around and saw no one. Then I looked around again, and it turned out that there was a Crucian carp (鲫鱼) lying in a dry mud."

Zhuangzi sighed and continued: "When it saw me, it begged me for help as if it had met a savior. It seems that this Crucian carp originally lived in the East China Sea (东海) and unfortunately fell into the dry mud, unable to extricate itself, and was about to die. He asked passersby for some water and save its life."

After listening to Zhuang Zhou's words, the Jinhe Hou asked him if he had given water to rescue the Crucian carp.

Zhuangzi rolled his eyes at the Jinhe Hou, and said coldly, "I said yes, when I go to the south, I will persuade the King of Wu (吴王) and King of Yue (越王), and ask them to divert the water from the Xijiang River (西江) to you, and you can swim back to your hometown in the East China Sea!"

Jinhe Hou was dumbfounded and felt that Zhuangzi's rescue method was very absurd: "Then how can it be saved?"

"Yeah, the Crucian carp opened its eyes in anger when it heard my idea. It said that 'the water is cut off right now, and there is no place to stay, just a few buckets of water can solve the problem, the so-called water diversion you said is all nonsense. When the water is brought in, I will already be a dried fish (干鱼) being sold in the fish market (鱼市)!'"

After saying that, Zhuangzi walked away without looking back.

Well, people cannot quench their thirst by thinking about a river located far away. It is a common sense.

This fable exposes the hypocrisy of the Jinhe Hou, who pretended to be generous, but essentially was a hypocrite.

The story satirizes the usual tricks of people who talk big, but don't solve real problems.

It's better to talk less and do more practical things.

The story later became a metaphor for "someone who is in desperate need of help."

Chinese (中文)

1	庄子	Zhuāngzi	Respectful name for Zhuang Zhou; village; hamlet
2	地步	Dìbù	Condition; plight; situation; state
3	情况下	Qíngkuàng xià	Situation; Circumstances; case
4	河道	Hédào	River course; runway
5	官吏	Guānlì	Government officials
6	求助	Qiúzhù	Turn to somebody for help; seek help
7	借给	Jiè gěi	Lend to
8	银子	Yínzi	Silver
9	收租	Shōu zū	Collect rents/rentals
10	非常生气	Fēicháng shēngqì	Be all on end
11	府上	Fǔ shàng	You home; your native place
12	求救	Qiújiù	Cry for help; ask somebody to come to the rescue; seek help
13	环顾四周	Huángù sìzhōu	Look all round; look about
14	仔细观察	Zǐxì guānchá	Examine; scrutiny
15	干涸	Gānhé	Dry up; run dry
16	车辙	Chēzhé	Rut; tracing rut; track pit; trod
17	救星	Jiùxīng	Liberator; emancipator; deliverer
18	不幸的是	Bùxìng de shì	Unfortunately; sad to say; Unluckily
19	沦落	Lúnluò	Fall low; come down in the world
20	听完	Tīng wán	Hear out
21	鲫鱼	Jìyú	Crucian carp

22	说到	Shuō dào	Mention; speak of; refer to; as to
23	劝说	Quànshuō	Persuade; advise; talk into
24	救助方法	Jiùzhù fāngfǎ	Means of relief; means of salvage
25	荒谬	Huāngmiù	Absurd; preposterous
26	当时	Dāngshí	Then; at that time; just at that moment; right away; at once; immediately
27	听到	Tīng dào	Listen in; meet the ear; hear; notice
28	现在	Xiànzài	Now; at present; today; nowadays
29	需要	Xūyào	Need; want; require; demand
30	引水	Yǐnshuǐ	Pilot a ship in harbor; draw or channel water; diversion
31	简直	Jiǎnzhí	Simply; at all; virtually
32	就是	Jiùshì	Quite right; exactly; precisely
33	空话	Kōnghuà	Empty talk; empty words; idle talk; hollow words
34	引来	Yǐn lái	Lead to; guide to; lure to
35	远水解不了近渴	Yuǎn shuǐjiě bùliǎo jìn kě	Distant water cannot quench present thirst; slowness cannot meet hasty demand; the aid is too slow in coming to be of any help
36	寓言故事	Yùyán gùshì	Fable; fables; parable
37	善心	Shànxīn	Mercy; kindhearted; good intention; benevolence
38	面目	Miànmù	Face; features; visage; appearance
39	说大话	Shuō dàhuà	Brag; boast; talk big; draw the long bow
40	实际行动	Shíjì xíngdòng	Actual deeds; action
41	解决问题	Jiějué wèntí	Solve a problem; settle a dispute

| 42 | 不可以 | Bù kěyǐ | No; mustn't |
| 43 | 说空话 | Shuō kōnghuà | Have empty talk |

庄子的家里非常贫困，也已经到了没有饭吃的地步了，于是庄子在没有办法的情况下，只好去监管河道的官吏家借粮。

监管河道的官吏见庄子到他府上来求助，于是爽快地答应了。他说："我可以借给你银子，但是得等到我收租后。"

庄子听到后非常生气，说到："我昨天在来府上的路上时，突然听到求救声。我环顾四周，什么都没有看到，在仔细观察周围后发现，干涸的车辙里面躺着一条鱼。"

庄子叹气道："它看见我，就像是看见救星一样向我求救。据说，这条鱼原本住在东海，但不幸的是它沦落在车辙里，快要死了。请求路人救救他的性命。"

监管河道的官吏听完庄子的话后，问他是否救了那条鲫鱼。

庄子看了官吏一眼，冷说到："我答应了它，但是要等我到了南方之后，劝说越王和吴王，希望他们可以把西江的水引到这里来，然后救你的命。

官吏听到后，对庄子的救助方法感到十分荒谬："你怎么能这样做呢？"

"是呀，当时鲫鱼听到我的话后气的说现在就没有水，只需要几桶水就可以救我的命，你说的引水简直就是空话，水还没引来，我就死了！"

远水解不了近渴，这是常识。这篇寓言故事揭示了监管河道的官吏的假善心，真吝啬的面目。讽刺了说大话，不付出实际行动解决具体问题的人的面目。告诉我们解决问题、做事情要付出实际的行动，不可以说空话。

Pinyin (拼音)

Zhuāngzi de jiālǐ fēicháng pínkùn, yě yǐjīng dàole méiyǒu fàn chī dì dìbùle, yúshì zhuāngzi zài méiyǒu bànfǎ de qíngkuàng xià, zhǐhǎo qù jiānguǎn hédào de guānlì jiā jiè liáng.

Jiānguǎn hédào de guānlì jiàn zhuāngzi dào tā fǔ shànglái qiúzhù, yúshì shuǎngkuài dì dāyìngle. Tā shuō:"Wǒ kěyǐ jiè gěi nǐ yínzi, dànshì dé děngdào wǒ shōu zū hòu."

Zhuāngzi tīng dào hòu fēicháng shēngqì, shuō dào:"Wǒ zuótiān zài lái fǔ shàng de lùshàng shí, túrán tīng dào qiújiù shēng. Wǒ huángù sìzhōu, shénme dōu méiyǒu kàn dào, zài zǐxì guānchá zhōuwéi hòu fāxiàn, gānhé de chēzhé lǐmiàn tǎngzhe yītiáo yú."

Zhuāngzi tànqì dào:"Tā kànjiàn wǒ, jiù xiàng shì kànjiàn jiùxīng yīyàng xiàng wǒ qiújiù. Jùshuō, zhè tiáo yú yuánběn zhù zài dōnghǎi, dàn bùxìng de shì tā lúnluò zài chēzhé lǐ, kuàiyào sǐle. Qǐngqiú lùrén jiù jiù tā dì xìngmìng."

Jiānguǎn hédào de guānlì tīng wán zhuāngzi dehuà hòu, wèn tā shìfǒu jiùle nà tiáo jìyú.

Zhuāngzi kànle guānlì yīyǎn, lěng shuō dào:"Wǒ dāyìngle tā, dànshì yào děng wǒ dàole nánfāng zhīhòu, quànshuō yuèwáng hé wú wáng, xīwàng tāmen kěyǐ bǎ xījiāng de shuǐyǐn dào zhèlǐ lái, ránhòu jiù nǐ de mìng.

Guānlì tīng dào hòu, duì zhuāngzi de jiùzhù fāngfǎ gǎndào shífēn huāngmiù:"Nǐ zěnme néng zhèyàng zuò ne?"

"Shì ya, dāngshíjìyú tīng dào wǒ dehuà hòu qì de shuō xiànzài jiù méiyǒu shuǐ, zhǐ xūyào jǐ tǒng shuǐ jiù kěyǐ jiù wǒ de mìng, nǐ shuō de yǐnshuǐ jiǎnzhí jiùshì kōnghuà, shuǐ hái méi yǐn lái, wǒ jiù sǐle!"

Yuǎn shuǐjiě bùliǎo jìn kě, zhè shì chángshì. Zhè piān yùyán gùshì jiēshìle jiānguǎn hédào de guānlì de jiǎ shànxīn, zhēn lìnsè de miànmù. Fèngcìle shuō dàhuà, bú fùchū shíjì xíngdòng jiějué jùtǐ wèntí de rén de miànmù. Gàosù wǒmen jiějué wèntí, zuò shìqíng yào fùchū shí jì de xíngdòng, bù kěyǐ shuō kōnghuà.

THE TORTOISE AND THE HARE (龟兔赛跑)

1	有一天	Yǒu yītiān	One day; some day
2	赛跑	Sàipǎo	Race
3	乌龟	Wūguī	Tortoise; cuckold
4	兔子	Tùzǐ	Rabbit; hare
5	天生	Tiānshēng	Born; inborn; inherent; innate
6	飞毛腿	Fēimáotuǐ	Fleet-footed
7	在比赛	Zài bǐsài	In the game
8	掉以轻心	Diàoyǐ qīngxīn	Let down one's guard; take a casual attitude
9	路边	Lù biān	Wayside; road side
10	睡着了	Shuìzhele	Fell into a sleep; fall asleep
11	脚踏实地	Jiǎotà shídì	Stand on solid ground; be down-to-earth; do solid work; earnest and down-to-earth
12	坚持不懈	Jiānchí bùxiè	Adhere to something unremittingly
13	奔跑	Bēnpǎo	Run; run in a great hurry; dash; rush
14	熟睡	Shúshuì	Sleep soundly; be fast asleep; sleep like a log; dead to the world
15	懊悔	Àohuǐ	Feel remorse; regret; be regretful; repent
16	不已	Bùyǐ	Endlessly; unceasingly; incessantly
17	自大	Zì dà	Self-important; arrogant; conceited
18	轻敌	Qīngdí	Take the enemy lightly; underestimate the enemy
19	竞争对手	Jìngzhēng duìshǒu	Competitor
20	畏惧	Wèijù	Fear; awe; dread

21	相信自己	Xiāngxìn zìjǐ	Believe in Yourself; believe myself; Trust yourself
22	看轻	Kànqīng	Underestimate; look down upon
23	任何时候	Rènhé shíhòu	Ever; at any moment; in an out of season
24	切忌	Qièjì	Must guard against; avoid by all means
25	自负	Zìfù	Be responsible for one's own action

Chinese (中文)

有一天，森林中举办赛跑比赛，乌龟和兔子被分在了同一组。兔子觉得自己是天生的飞毛腿，跑得快，乌龟肯定超不过它，于是在比赛时掉以轻心，躺在路边睡着了，而乌龟觉得自己跑得慢，而且对手兔子跑的很快，于是乌龟脚踏实地，坚持不懈地一步一步努力向前奔跑。最后，乌龟超过了在路边熟睡的兔子，取得了比赛的胜利。而兔子懊悔不已，后悔自己太自大、轻敌。

这个故事告诉我们遇到强大的竞争对手要不畏惧，迎难而上，相信自己，要努力、坚持不懈地向前奔跑。我们不应该看轻对手，要尊重对手，正视对手的实力，任何时候都不能掉以轻心，要脚踏实地、勇于超越自己，切忌自负。

Pinyin (拼音)

Yǒu yītiān, sēnlín zhōng jǔbàn sàipǎo bǐsài, wūguī hé tùzǐ bèi fēn zàile tóngyī zǔ. Tùzǐ juédé zìjǐ shì tiānshēng de fēimáotuǐ, pǎo dé kuài, wūguī kěndìng chāo bùguò tā, yúshì zài bǐsài shí diàoyǐqīngxīn, tǎng zài lù biān shuìzhele, ér wūguī juédé zìjǐ pǎo dé màn, érqiě duìshǒu tùzǐ pǎo de hěn kuài, yúshì wūguī jiǎotàshídì, jiānchí bùxiè dì yībù yībù nǔlì xiàng qián bēnpǎo. Zuìhòu, wūguī chāoguòle zài lù biān shúshuì de tùzǐ, qǔdéle bǐsài de shènglì. Ér tùzǐ àohuǐ bùyǐ, hòuhuǐ zìjǐ tài zì dà, qīngdí.

Zhège gùshì gàosù wǒmen yù dào qiángdà de jìngzhēng duìshǒu yào bù wèijù, yíng nán ér shàng, xiāngxìn zìjǐ, yào nǔlì, jiānchí bùxiè dì xiàng qián bēnpǎo. Wǒmen bù yìng gāi kànqīng duìshǒu, yào zūnzhòng duìshǒu, zhèngshì duìshǒu de shílì, rènhé shíhòu dōu bùnéng diàoyǐqīngxīn, yào jiǎotàshídì, yǒngyú chāoyuè zìjǐ, qièjì zìfù.

TO OFFER A HUMBLE APOLOGY (负荆请罪)

1	战国	Zhànguó	Warring states
2	有一次	Yǒu yīcì	Once; on one occasion
3	得了	Déliǎo	Stop it; hold it
4	无价之宝	Wújià zhībǎo	Be above price; a priceless treasure; a treasure money won't buy; be all the world to somebody
5	和氏璧	Hé shì bì	The jade of the He family; a priceless gem
6	得知	Dé zhī	Be informed of
7	十五	Shíwǔ	Fifteen;
8	城池	Chéngchí	City wall and moat; city
9	换取	Huànqǔ	Exchange something for; get in return
10	一向	Yīxiàng	Earlier on; lately; consistently; all along
11	召集	Zhàojí	Call together; convene
12	大臣	Dàchén	Minister; secretary
13	商议	Shāngyì	Confer; discuss; deliberate
14	蔺相如	Lìnxiāngrú	Lin Xiangru
15	站出来	Zhàn chūlái	Step forward; step forward bravely; come out boldly
16	如果不	Rúguǒ bù	Unless; if not; without; not...unless
17	不久之后	Bùjiǔ zhīhòu	Before long; soon after; shortly afterwards
18	献给	Xiàn gěi	Present to, give
19	亲王	Qīnwáng	Prince
20	绝口	Juékǒu	Stop talking
21	诚意	Chéngyì	Good faith; sincerity

22	有一点	Yǒu yīdiǎn	(Have) a little; somewhat; rather
23	小瑕疵	Xiǎo xiácī	Nibs
24	柱子	Zhùzi	Post; pillar
25	拿来	Ná lái	Bring
26	允诺	Yǔnnuò	Promise; consent; undertake
27	不守信用	Bù shǒu xìnyòng	Break one's word; go back on one's word; not to keep one's word
28	乔装打扮	Qiáo zhuāng dǎbàn	Disguise oneself; deck oneself out; dress up; masquerade
29	第二天	Dì èr tiān	The next day
30	交接仪式	Jiāojiē yíshì	Handing over ceremony
31	守信	Shǒu xìn	Keep one's word; keep promises
32	没有用	Méiyǒu yòng	Without effect
33	完璧归赵	Wánbì guīzhào	Return the jade intact to the State of Zhao; to return a thing intact to its owner
34	一段时间	Yīduàn shíjiān	A period of time
35	渑池	Miǎnchí	Mianchi (a county in Henan Province)
36	臣子	Chénzǐ	Official in feudal times
37	可能会	Kěnéng huì	Likely; may; may be
38	有危险	Yǒu wéixiǎn	At risk; in danger; in danger of
39	怯懦	Qiènuò	Timid and overcautious
40	示弱	Shìruò	Give the impression of weakness; show the white feather; show weakness; take something lying down
41	大将	Dàjiàng	Senior general
42	会面	Huìmiàn	Meet; come together
43	推辞	Tuīcí	Decline

44	竟然	Jìngrán	Unexpectedly; to one's surprise; actually; go so far as to
45	侮辱	Wǔrǔ	Insult; humiliate; subject somebody to indignities; put somebody to shame
46	非常生气	Fēicháng shēngqì	Be all on end
47	于是	Yúshì	Thereupon; hence; consequently; as a result
48	击缶	Jí fǒu	Play/hit the Fou drums
49	只好	Zhǐhǎo	Have to; be forced to
50	官职	Guānzhí	Government post; official position
51	不服气	Bù fúqì	Recalcitrant; not convinced; Convinced; refuse to obey
52	其他人	Qítā rén	Others; other; the others
53	战无不胜	Zhàn wú bùshèng	Invincible; ever-victorious; all-conquering; win in every battle
54	汗马功劳	Hànmǎ gōngláo	Distinctions won in battle; achievements in war; service in battle; toil and hardship in the wars
55	本事	Běnshì	Skill; ability; capability; talent; source material
56	张嘴	Zhāngzuǐ	Open one's mouth
57	上头	Shàngtou	Leading body at a higher level
58	下不来台	Xiàbùlái tái	Be unable to back down with good grace
59	请病假	Qǐng bìngjià	Ask for sick leave; Sick Leave; ask for a sick leave; go sick
60	上朝	Shàng cháo	Go to court
61	有一天	Yǒu yītiān	One day; some day
62	掉头	Diàotóu	Turn round; turn about; change direction

63	属下	Shǔ xià	Subordinates
64	不怕	Bùpà	Be not afraid of; not fear
65	将军	Jiāngjūn	General; admiral
66	所有人	Suǒyǒu rén	Owner; proprietary; proprietor; proprietress; everyone
67	攻打	Gōngdǎ	Attack; assault; assail
68	如若	Rú ruò	If
69	不和	Bù hé	Not get along well; be on bad terms; be at odds; bad blood
70	空子	Kòngzi	Gap; opening; hole; hole carrier
71	手下人	Shǒuxià rén	Servants; subordinates
72	点头	Diǎntóu	Nod one's head; nod; nod assent
73	恩怨	Ēnyuàn	Feeling of gratitude or resentment
74	国家利益	Guójiā lìyì	State interests
75	战袍	Zhàn páo	Combat uniform; soldier's garb
76	荆条	Jīngtiáo	Twigs of the chaste tree
77	请罪	Qǐngzuì	Admit one's error and ask for punishment
78	负荆请罪	Fùjīng qǐngzuì	To offer a humble apology; bare one's back to be threshed
79	连忙	Liánmáng	Promptly; immediately; instantly; in a hurry
80	好朋友	Hǎo péngyǒu	Good friend; great friend
81	团结一致	Tuánjié yīzhì	Unite as one; be united as one and be concentrating efforts on; monolithic solidarity

Chinese (中文)

战国时期，秦国是最强大的国家。有一次，赵国得了一件无价之宝，叫做"和氏璧"。秦王得知后，传信到赵国说愿意用十五座城池来换取"和氏璧"，但由于秦国对外一向是不讲信用的，于是赵王害怕秦王怕不是真的用十五座城池来换取"和氏璧"，仅仅只是想要"和氏璧"，于是召集大臣进行商议，大臣们都想不出办法，这时蔺相如站出来说"臣愿意带着"和氏璧"到秦国去，如果秦王真的拿十五座城池来换，我就把"和氏璧"交给他，如果不拿十五座城池来换取，我就把"和氏璧"带回来。

不久之后，蔺相如来到秦国，在秦国面见了秦王，并把"和氏璧"献给亲王，秦王拿到"和氏璧"后，高兴的欣赏起来，绝口不提拿十五座城池换的事情，蔺相如见秦王没有要拿十五座城池来换取的诚意，便向前说道，"这块玉有一点小瑕疵，让我为您指出来"。

秦王于是将"和氏璧"交给了蔺相如。蔺相如拿上"和氏璧"向后退了几步说到:"我看您也没有要那十五座城池换取的诚意，我今天就拿着"和氏璧"一起撞死在这朝堂的柱子上"！秦王害怕"和氏璧"被撞碎，于是命人拿来地图允诺十五座城池给赵国。

蔺相如知道秦王不守信用，于是说到："和氏璧乃无价之宝，需要举行隆重的仪式来交换"。秦王答应了。

当天晚上，蔺相如让手下乔装打扮后，带着"和氏璧"从小路回到赵国了。第二天在交接仪式上，蔺相如对秦王说："我已经派人将和氏璧送赵国了，只要您先将十五座城池交给我国，我国将马上派人将和氏璧送到秦国，绝对守信，不然您杀了我也没有用"。

秦王没有办法，只能将蔺相如客客气气地送回赵国。这就是"完璧归赵"的故事。蔺相如立了大功，赵王封他为大夫。

过了一段时间，秦王邀请赵王在渑池会面，赵王收到消息后与臣子们商讨："去吧，可能会有危险，不去吧又显得自己胆小怯懦"。

蔺相如认为不能向秦王示弱，应该去。于是赵王决定去渑池与秦王会面，让蔺相如随行，大将军廉颇则带着军队将他们护送到边界上，做好随时抵抗秦军的打算。

在与秦王会面后，秦王要求赵王鼓瑟，赵王不好推辞，鼓了一段。秦王就命人记录下来，说在渑池会上，赵王为秦王鼓瑟。蔺相如看到秦王竟然如此侮辱赵王，非常生气，于是上前说："请您为赵王击缶。"秦王拒绝了，蔺相如又要求，秦王还是拒绝。蔺相如说："您现在离我只有五步远，您不答应，我就跟您拼了。"

于是秦王只好为赵王击缶，蔺相如也让人记录下来：在渑池会上，秦王为赵王击缶。秦王知道廉颇已经在边境上做好了准备，不敢拿赵王怎么样，只好让赵王回去。

蔺相如在渑池会上为赵王解了围，官职升为上卿，职位比廉颇高。廉颇非常不服气，他对其他人说："我廉颇战无不胜，立下许多汗马功劳，他蔺相如有什么本事，单凭一张嘴，就爬到了我廉颇的上头。日后只要我碰见他了，定要他下不来台！"蔺相如听到了廉颇的这番话，便请病假不上朝，避免与廉颇相见。

有一天，蔺相如见廉颇骑着马过来，便命人立刻掉头。蔺相如的属下于是就不满了，蔺相如见到廉颇像老鼠见了猫一样，为什么要怕他呢？

蔺相如说道："秦王我都不怕，会怕廉将军吗？所有人都知道秦王之所以不敢攻打我们赵国就是因为武有廉颇，文有蔺相如。如若我们两闹不和，那岂不是让秦国钻了空子。"手下人纷纷点头。

这话传到廉颇的耳朵里，廉颇深感羞愧，认为自己竟为了私人恩怨不顾国家利益，实在是不对。于是他脱下战袍，背上荆条，到蔺相如门前请罪。蔺相如见廉颇来负荆请罪，连忙出门迎接。从此他们成为了好朋友，团结一致保卫赵国。这就是"负荆请罪"。

Pinyin (拼音)

Zhànguó shíqí, qín guó shì zuì qiáng dà de guójiā. Yǒu yīcì, zhào guó déliǎo yī jiàn wújiàzhībǎo, jiàozuò "hé shì bì". Qínwáng dé zhīhòu, chuán xìn dào zhào guó shuō yuànyì yòng shíwǔ zuò chéngchí lái huànqǔ "hé shì bì", dàn yóuyú qín guó duìwài yīxiàng shì bù jiǎng xìnyòng de, yúshì zhào wáng hàipà qínwáng pà bùshì zhēn de yòng shíwǔ zuò chéngchí lái huànqǔ "hé shì bì", jǐnjǐn zhǐshì xiǎng yào "hé shì bì", yúshì zhàojí dàchén jìnxíng shāngyì, dàchénmen dōu xiǎng bù chū bànfǎ, zhè shí lìnxiāngrú zhàn chūlái shuō "chén yuànyì dàizhe" hé shì bì "dào qín guó qù, rúguǒ qínwáng zhēn de ná shíwǔ zuò chéngchí lái huàn, wǒ jiù bǎ "hé shì bì" jiāo gěi tā, rúguǒ bù ná shíwǔ zuò chéngchí lái huànqǔ, wǒ jiù bǎ "hé shì bì" dài huílái.

Bùjiǔ zhī hòu, lìnxiāngrúlái dào qín guó, zài qín guó miàn jiànle qínwáng, bìng bǎ "hé shì bì" xiàn gěi qínwáng, qínwáng ná dào "hé shì bì" hòu, gāoxìng de xīnshǎng qǐlái, juékǒu bù tí ná shíwǔ zuò chéngchí huàn de shìqíng, lìnxiāngrú jiàn qínwáng méiyǒu yào ná shíwǔ zuò chéngchí lái huànqǔ de chéngyì, biàn xiàng qián shuōdao,"zhè kuài yù yǒu yīdiǎn xiǎo xiácī, ràng wǒ wèi nín zhǐchū lái".

Qínwáng yúshì jiāng "hé shì bì" jiāo gěile lìnxiāngrú. Lìnxiāngrú ná shàng "hé shì bì" xiàng hòutuìle jǐ bù shuō dào:"Wǒ kàn nín yě méiyǒu yào ná shíwǔ zuò chéngchí huànqǔ de chéngyì, wǒ jīntiān jiù názhe "hé shì bì" yīqǐ zhuàng sǐ zài zhè cháo táng de zhùzi shàng"! Qínwáng hàipà "hé shì bì" bèi zhuàng suì, yúshì mìng rén ná lái dìtú yǔnnuò shíwǔ zuò chéngchí gěi zhào guó.

Lìnxiāngrú zhīdào qínwáng bù shǒuxìnyòng, yúshì shuō dào:"Hé shì bì nǎi wújiàzhībǎo, xūyào jǔxíng lóngzhòng de yíshì lái jiāohuàn". Qínwáng dāyìngle.

Dàngtiān wǎnshàng, lìnxiāngrú ràng shǒuxià qiáozhuāng dǎbàn hòu, dàizhe "hé shì bì" cóng xiǎolù huí dào zhào guóle. Dì èr tiān zài jiāojiē yíshì shàng, lìnxiāngrú duì qínwáng shuō:"Wǒ yǐjīng pài rén jiāng hé shì bì sòng zhào guóle, zhǐyào nín xiān jiāng shíwǔ zuò chéngchí jiāo gěi wǒguó, wǒguójiāng mǎshàng pài rén jiāng hé shì bì sòng dào qín guó, juéduì shǒu xìn, bùrán nín shāle wǒ yě méiyǒu yòng".

Qínwáng méiyǒu bànfǎ, zhǐ néng jiāng lìnxiāngrú kè kèqì qì de sòng huí zhào guó. Zhè jiùshì "wánbìguīzhào" de gùshì. Lìnxiāngrú lìle dàgōng, zhào wáng fēng tā wéi dàfū.

Guò le yīduàn shíjiān, qínwáng yāoqǐng zhào wáng zài miǎnchí huìmiàn, zhào wáng shōu dào xiāoxī hòu yǔ chénzǐmen shāngtǎo:"Qù ba, kěnéng huì yǒu wéixiǎn, bù qù ba yòu xiǎndé zìjǐ dǎn xiǎo qiènuò". Lìnxiāngrú rènwéi bùnéng xiàng qínwáng shìruò, yīnggāi qù. Yúshì zhào wáng juédìng qù miǎnchí yǔ qínwáng huìmiàn, ràng lìnxiāngrú suíháng, dà jiàng jūn lián pǒ zé dàizhe jūnduì jiāng tāmen hùsòng dào biānjiè shàng, zuò hǎo suíshí dǐkàng qín jūn de dǎsuàn.

Zài yǔ qínwáng huìmiàn hòu, qínwáng yāoqiú zhào wáng gǔ sè, zhào wáng bù hǎo tuīcí, gǔle yīduàn. Qínwáng jiù mìng rén jìlù xiàlái, shuō zài miǎnchí huì shàng, zhào wáng wéi qínwáng gǔ sè. Lìnxiāngrú kàn dào qínwáng jìngrán rúcǐ wǔrǔ zhào wáng, fēicháng shēngqì, yúshì shàng qián shuō:"Qǐng nín wèi zhào wáng jí fǒu." Qínwáng jùjuéle, lìnxiāngrú yòu yāoqiú, qínwáng háishì jùjué. Lìnxiāngrú shuō:"Nín xiànzài lí wǒ zhǐyǒu wǔ bù yuǎn, nín bù dāyìng, wǒ jiù gēn nín pīnle."

Yúshì qínwáng zhǐ hào wéi zhào wáng jí fǒu, lìnxiāngrú yě ràng rén jìlù xiàlái: Zài miǎnchí huì shàng, qínwáng wèi zhào wáng jí fǒu. Qínwáng zhīdào lián pǒ yǐjīng zài biānjìng shàng zuò hǎole zhǔnbèi, bù gǎn ná zhào wáng zěnme yàng, zhǐhǎo ràng zhào wáng huíqù.

Lìnxiāngrú zài miǎnchí huì shàng wèi zhào wáng jiěle wéi, guānzhí shēng wéi shàng qīng, zhíwèi bǐ lián pǒ gāo. Lián pǒ fēicháng bù fúqì, tā duì qítā rén shuō:"Wǒ lián pǒ zhàn wú bùshèng, lì xià xǔduō hànmǎgōngláo, tā lìnxiāngrú yǒu shé me běnshì, dān píng yī zhāngzuǐ, jiù pá dàole wǒ lián pǒ de shàngtou. Rìhòu zhǐyào wǒ pèngjiàn tāle, dìng yào tā xiàbùlái tái!" Lìnxiāngrú tīng dàole lián pǒ de zhè fān huà, biàn qǐng bìngjià bù shàng cháo, bìmiǎn yǔ lián pǒ xiāng jiàn.

Yǒu yītiān, lìnxiāngrú jiàn lián pǒ qízhe mǎ guòlái, biàn mìng rén lìkè diàotóu. Lìnxiāngrú de shǔ xià yúshì jiù bùmǎnle, lìnxiāngrú jiàn dào lián pǒ xiàng lǎoshǔ jiànle māo yīyàng, wèishéme yào pà tā ne?

Lìnxiāngrú shuōdao:"Qínwáng wǒ dū bùpà, huì pà lián jiāngjūn ma? Suǒyǒu rén dōu zhīdào qínwáng zhī suǒyǐ bù gǎn gōngdǎ wǒmen zhào guó jiùshì yīnwèi wǔ yǒu lián pǒ, wén yǒu lìnxiāngrú. Rúruò wǒmen liǎng nào bù hé, nà qǐ bùshì ràng qín guó zuānle kòngzi." Shǒuxià rén fēnfēn diǎntóu.

Zhè huà chuán dào lián pǒ de ěrduǒ lǐ, lián pǒ shēn gǎn xiūkuì, rènwéi zìjǐ jìng wèile sīrén ēnyuàn bu gù guó jiā lìyì, shízài shì bùduì. Yúshì tā tuō xià zhàn páo, bèi shàng jīngtiáo, dào lìnxiāngrú mén qián qǐngzuì. Lìn xiāng rú jiàn lián pǒ lái fùjīng qǐngzuì, liánmáng chūmén yíngjiē. Cóngcǐ tāmen chéngwéile hǎo péngyǒu, tuánjié yīzhì bǎowèi zhào guó. Zhè jiùshì "fùjīng qǐngzuì".

JADE AND EARTHEN POTS (玉器和瓦罐)

1	平常	Píngcháng	Ordinary; common; generally; usually
2	大大咧咧	Dàdaliēliě	Careless; casual
3	不经意	Bùjīngyì	Carelessly; by accident; thoughtless
4	非常重要	Fēicháng zhòngyào	Extremely important; count for much; it makes all the difference that
5	泄露	Xièlòu	Let out; reveal; divulge; leakage
6	大臣	Dàchén	Minister; secretary
7	周密	Zhōumì	Careful; thorough
8	伤脑筋	Shāng nǎojīn	Cause somebody enough headache; knotty; troublesome; bothersome
9	不知道	Bù zhīdào	A stranger to; have no idea
10	聪明	Cōngmíng	Intelligent; bright; clever
11	叫做	Jiàozuò	Be called; be known as
12	自告奋勇	Zìgào fènyǒng	Offer oneself; come forward of one's own accord to proffer; offer one's free services; offer to take the responsibility upon oneself
13	主动	Zhǔdòng	Initiative; driving
14	说到	Shuō dào	Mention; speak of; refer to; as to
15	假设	Jiǎshè	Suppose; assume; grant; presume
16	制作	Zhìzuò	Fabrication; make; manufacture
17	酒器	Jiǔ qì	Drinking vessel
18	价值连城	Jiàzhí liánchéng	Be priced at fifteen cities; very valuable; invaluable; priceless; worth a couple of towns together
19	中间	Zhōngjiān	Among; between;

20	回答	Huídá	Answer; reply; response
21	罐子	Guànzi	Pot; jar; pitcher; jug
22	不值钱	Bù zhíqián	Worthless; valueless; a dime a dozen; six penny; bauble
23	有底	Yǒu dǐ	Know how things stand and feel confident of handling them; be fully prepared for what is coming
24	于是	Yúshì	Thereupon; hence; consequently; as a result
25	接着	Jiēzhe	Catch
26	说道	Shuōdao	Say
27	值钱	Zhíqián	Costly; valuable
28	尊贵	Zūnguì	Honorable; respectable; respected
29	举止	Jǔzhǐ	Habit; bearing; manner; front
30	商议	Shāngyì	Confer; discuss; deliberate
31	玉器	Yùqì	Jade article; jade object; jade ware
32	才干	Cáigàn	Ability; competence; capability
33	谋略	Móulüè	Astuteness and resourcefulness; strategy
34	凡事	Fánshì	Everything
35	商讨	Shāngtǎo	Discuss; deliberate over
36	密谋	Mìmóu	Conspire; plot; scheme; conspiracy
37	独自一人	Dúzì yīrén	All alone; all by myself
38	睡梦	Shuìmèng	Sleep; slumber
39	中将	Zhōng jiàng	Lieutenant general; air marshal; vice admiral
40	不小心	Bù xiǎoxīn	Careless; by accident; incaution; carelessness
41	国家大事	Guójiā dàshì	National/state affairs; affairs of state
42	智慧	Zhìhuì	Wisdom; intelligence; wit

43	善于	Shànyú	Be good at; be adept in
44	小事	Xiǎoshì	Trifle; petty thing; minor matter
45	治国安邦	Zhìguó ān bāng	Administer state affairs well and ensure national security
46	大道理	Dà dàolǐ	Major principle; general principle; great truth
47	虚心	Xūxīn	Open-minded; modest; with an open mind
48	自大	Zì dà	Self-important; arrogant; conceited
49	明智	Míngzhì	Sensible; sagacious; wise
50	领导人	Lǐngdǎo rén	Leader

Chinese (中文)

韩昭侯在平常讲话的时候大大咧咧，常常在不经意间就将一些非常重要的计划给泄露出去了，这使得大臣们的一些完善周密的计划无法实施。大家对此都非常伤脑筋。但是都不知道该怎么对韩昭侯说明这个情况。

有一位非常聪明的人，他叫做堂谿，他自告奋勇，主动到韩昭侯那里去。对韩昭侯说到："假设现在有一件用玉制作的酒器，其价值连城，但是它的中间是空的，没有底，他可以装水吗？"

韩昭侯回答说："不能。"堂谿说到："有一件用瓦制作的罐子，他非常不值钱，但是他是有底的，你觉得它可以装酒吗？"

韩昭侯说："它可以盛酒。"

于是堂谿接着说道："这就是了，一个用瓦制作的罐子，它虽然不值钱，但是它有底而且不漏，所以它可以用来盛酒；但是一个用玉做的罐子，它价值连城，但是它没有底，因此它不能用来装酒。人当然也是一样，作为一个地位尊贵、行为举止至关重要的一国之君，如果他经常将与大臣们商议好的详细周密的计划泄露出去，那么他就像是一件没有底的玉器。即使是再有才干和聪明的人，如果他的计划总是被泄露出去，那么他的计划就无法实施，因此就无法展示他的谋略了。"

这一番话让韩昭侯忽然就明白了，他非常同意的说到："你说的非常对！"

从此之后，但凡事要采取一些重大的措施，大臣们商讨密谋出的重要计划，韩昭侯都特别小心的对待，非常谨慎。就连睡觉的时候都独自一人，害怕自己在睡梦中将机密不小心泄露给别人，从而误了国家大事。

这个故事告诉我们，拥有智慧的人非常善于说话，它可以从日常的生活小事中总结出治国安邦的大道理；也告诉我们能够虚心地接受别人的意见，不自大高傲的人可以是非常明智的领导人。

Pinyin (拼音)

Hánzhāohóu zài píngcháng jiǎnghuà de shíhòu dàdaliēliě, chángcháng zài bùjīngyì jiān jiù jiāng yīxiē fēicháng zhòngyào de jìhuà gěi xièlòu chūqùle, zhè shǐdé dàchénmen de yīxiē wánshàn zhōumì de jìhuà wúfǎ shíshī. Dàjiā duì cǐ dōu fēicháng shāng nǎojīn. Dànshì dōu bù zhīdào gāi zěnme duì hánzhāohóu shuōmíng zhège qíngkuàng.

Yǒuyī wèi fēicháng cōngmíng de rén, tā jiàozuò táng xī, tā zìgàofènyǒng, zhǔdòng dào hánzhāohóu nàlǐ qù. Duì hánzhāohóu shuō dào:"Jiǎshè xiànzài yǒuyī jiàn yòng yù zhìzuò de jiǔ qì, qí jiàzhí liánchéng, dànshì tā de zhōngjiān shì kōng de, méiyǒu dǐ, tā kěyǐ zhuāng shuǐ ma?"

Hánzhāohóu huídá shuō:"Bùnéng." Táng xī shuō dào:"Yǒuyī jiàn yòng wǎ zhìzuò de guànzi, tā fēicháng bù zhíqián, dànshì tā shì yǒu dǐ de, nǐ juédé tā kěyǐ zhuāng jiǔ ma?"

Hánzhāohóu shuō:"Tā kěyǐ shèng jiǔ."

Yúshì táng xī jiēzhe shuōdao:"Zhè jiùshìle, yīgè yòng wǎ zhìzuò de guànzi, tā suīrán bù zhíqián, dànshì tā yǒu dǐ érqiě bù lòu, suǒyǐ tā kěyǐ yòng lái shèng jiǔ; dànshì yīgè yòng yù zuò de guànzi, tā jiàzhí liánchéng, dànshì tā méiyǒu dǐ, yīncǐ tā bùnéng yòng lái zhuāng jiǔ. Rén dāngrán yěshì yīyàng, zuòwéi yīgè dìwèi zūnguì, xíngwéi jǔzhǐ zhì guān zhòngyào de yī guózhī jūn, rúguǒ tā jīngcháng jiāng yǔ dàchénmen shāngyì hǎo de xiángxì zhōumì de jìhuà xièlòu chūqù, nàme tā jiù xiàng shì yī jiàn méiyǒu dǐ de yùqì. Jíshǐ shì zài yǒu cáigàn hé cōngmíng de rén, rúguǒ tā de jìhuà zǒng shì bèi xièlòu chūqù, nàme tā de jìhuà jiù wúfǎ shíshī, yīncǐ jiù wúfǎ zhǎnshì tā de móulüèle."

Zhè yī fān huà ràng hánzhāohóu hūrán jiù míngbáile, tā fēicháng tóngyì de shuō dào:"Nǐ shuō de fēicháng duì!"

Cóngcǐ zhīhòu, dàn fánshì yào cǎiqǔ yīxiē zhòngdà de cuòshī, dàchénmen shāngtǎo mìmóu chū de zhòngyào jìhuà, hánzhāohóu dōu tèbié xiǎoxīn de duìdài, fēicháng jǐnshèn. Jiù lián shuìjiào de shíhòu dōu dúzì yīrén, hàipà zìjǐ zài shuìmèng zhōng jiàng jīmì bù xiǎoxīn xièlòu gěi biérén, cóng'ér wùle guójiā dàshì.

Zhège gùshì gàosù wǒmen, yǒngyǒu zhìhuì de rén fēicháng shànyú shuōhuà, tā kěyǐ cóng rìcháng de shēnghuó xiǎoshì zhōng zǒngjié chū zhìguó ān bāng de dà dàolǐ; yě gàosù wǒmen nénggòu xūxīn dì jiēshòu biérén de yìjiàn, bù zì dà gāo'ào de rén kěyǐ shì fēicháng míngzhì de lǐngdǎo rén.

GET A JOB WITHOUT A REAL QUALIFICATION (滥竽充数)

1	在古代	Zài gǔdài	In ancient times; in the old days; in the ancient time
2	齐国	Qí guó	Ancient state of Qi in what is now Shandong
3	君王	Jūnwáng	King; lord
4	非常喜欢	Fēicháng xǐhuān	Like … very much; very much; I like it very much
5	擅长	Shàncháng	Be good at; be expert in; be skilled in
6	乐师	Yuèshī	Musician
7	热闹	Rènào	Lively; bustling with noise and excitement
8	特别喜欢	Tèbié xǐhuān	Favorite;
9	排场	Páichǎng	Display of splendor; parade one's wealth; ostentation and extravagance
10	威严	Wēiyán	Dignified; stately; majestic; awe-inspiring
11	钱财	Qiáncái	Wealth; money
12	绝佳	Jué jiā	Extremely good
13	跑到	Pǎo dào	Run to
14	跟前	Gēnqián	Living with one
15	吹牛	Chuīniú	Boast; brag; blast; talk big
16	大王	Dàwáng	King; monarch; magnate
17	没有人	Méiyǒu rén	Nobody; never a one
18	花草	Huācǎo	Flowering straw; flowers and plants
19	舞动	Wǔdòng	Wave; brandish

20	鸟兽	Niǎo shòu	Birds and beasts; fur and feather
21	兴奋地	Xīngfèn de	Feverishly; excitedly
22	绝技	Juéjì	Unique skill; consummate skill
23	非常地	Fēicháng de	Bitterly; extremely; very; very much
24	不假思索	Bùjiǎ sīsuǒ	Without thinking; have at one's fingers' ends; not necessary to think; offhand
25	收下	Shōu xià	Accept; receive
26	其他人	Qítā rén	Others; other; the others
27	赏赐	Shǎngcì	Grant a reward; award
28	得意	Déyì	Proud of oneself; pleased with oneself
29	模仿者	Mófǎng zhě	Imitator; emulator
30	神情	Shénqíng	Expression; look
31	装出	Zhuāng chū	Pretend; act as
32	破绽	Pòzhàn	A burst seam
33	蒙混过关	Ménghùn guòguān	Slip by; slip away unpunished; bluff it out; get by
34	薪水	Xīnshuǐ	Salary; pay; wages
35	就这样	Jiù zhèyàng	That's it; That's all; in this way
36	去世	Qùshì	Die; pass away
37	王位	Wángwèi	Throne; crown
38	不喜欢	Bù xǐhuān	Dislike
39	悠然自得	Yōuránzìdé	Carefree and content
40	逍遥自在	Xiāoyáo zìzài	Be leisurely and carefree; enjoy oneself; be in a state of blissful abstraction; carefree
41	慌张	Huāngzhāng	Flurried; flustered; confused; trepidation
42	不知道	Bù zhīdào	A stranger to; have no idea; I

			don't know; No
43	怎么办	Zěnme bàn	What to do now?; What should I do? What's to be done?
44	思前想后	Sīqián xiǎnghòu	Think back and forth to oneself
45	不管怎样	Bùguǎn zěnyàng	Anyway; whatever happens; in any case; at all events; anyhow
46	混不过去	Hùn bù guòqù	Unable to fool others
47	收拾行李	Shōushí xínglǐ	Ready one's baggage
48	坑蒙拐骗	Kēngmēng guǎipiàn	Swindle
49	得了	Déliǎo	Stop it; hold it
50	一时	Yīshí	For a short while; temporary; momentary
51	不了	Bùliǎo	Without end
52	谎言	Huǎngyán	Lie; falsehood
53	终将	Zhōng jiāng	Finally about to
54	揭穿	Jiēchuān	Expose; lay bare; show up; belie
55	勤奋	Qínfèn	Diligent; assiduous; industrious; hardworking
56	努力学习	Nǔlì xuéxí	Study hard; work hard; work hard at
57	脚踏实地	Jiǎotàshídì	Stand on solid ground; be down-to-earth

Chinese (中文)

在古代的时候，齐国有一位君王，叫做齐宣王。他非常喜欢听演奏竽，他有三百位擅长演奏竽的乐师。

齐宣王非常喜欢热闹，特别喜欢摆排场，总是想在人前展示他做君王的威严，因此每次在听竽演奏的时候，经常让三百个乐师一同演奏给他听。

有一个南郭先生听说了齐宣王的这个爱好，认为这是个获取钱财的绝佳机会。于是就跑到齐宣王跟前，吹牛说："大王啊，我是一个非常著名的乐师，只要是听过我演奏的竽，就没有人不感动，就算是花草听了也会随之舞动，鸟兽听了也会兴奋地跳起舞，我愿意用我的绝技为大王演奏。"齐宣王听了之后非常地高兴，不假思索地收下了他，让他跟着三百个乐师一同为他演奏。

从那之后，南郭先生就跟着 300 个乐师的队伍一同为齐宣王演奏，拿着和其他人一样优渥的薪水和赏赐，心中非常得意。

然而，南郭先生其实撒谎了，他根本就不会吹竽。没到演奏的时候，他就手里拿着竽混在队中，模仿者其他人吹竽时的动作，神情，装出一副他很会吹竽的样子，看上去非常的投入，一般根本就瞧不出破绽来。南郭先生就靠着这样的方式一天一天蒙混过关，从中白拿了许多的薪水。

就这样过了几年，齐宣王去世，他的儿子齐湣继承了他父亲的王位，成为了一国之君。齐湣王也喜欢听竽，但是他不喜欢三百个人一起演奏，他觉得三个人一起演奏非常的吵，他喜欢独奏，他觉得独奏非常的悠然自得、逍遥自在。于是齐湣王决定让三百个人轮流演奏竽给他听。乐师们知道这个决定后，都非常积极的练习，想展示自己。但是南郭先生感到非常慌张，不知道应该怎么办。他思前想后，觉得自己这次不管怎样都混不过去了，于是连夜收拾行李逃走了。

像南郭先生这样坑蒙拐骗的人，骗得了一时，骗不了一世，假的最终都逃不过时间的检验，谎言终将会被揭穿。我们只有坚持勤奋、努力学习，增强自身能力，脚踏实地，才能走向成功。

Pinyin (拼音)

Zài gǔdài de shíhòu, qí guóyǒu yī wèi jūnwáng, jiàozuò qí xuānwáng. Tā fēicháng xǐhuān tīng yǎnzòu yú, tā yǒu sānbǎi wèi shàncháng yǎnzòu yú de yuèshī.

Qí xuānwáng fēicháng xǐhuān rènào, tèbié xǐhuān bǎi páichǎng, zǒng shì xiǎng zài rénqián zhǎnshì tā zuò jūnwáng de wēiyán, yīncǐ měi cì zài tīng yú yǎnzòu de shíhòu, jīngcháng ràng sānbǎi gè yuèshī yītóng yǎnzòu gěi tā tīng.

Yǒu yīgè nánguō xiānshēng tīng shuōle qí xuānwáng de zhège àihào, rènwéi zhè shìgè huòqǔ qiáncái de jué jiā jīhuì. Yúshì jiù pǎo dào qí xuānwáng gēnqián, chuīniú shuō:"Dàwáng a, wǒ shì yīgè fēicháng zhùmíng de yuèshī, zhǐyào shi tīngguò wǒ yǎnzòu de yú, jiù méiyǒu rén bù gǎndòng, jiùsuàn shì huācǎo tīngle yě huì suí zhī wǔdòng, niǎo shòu tīngle yě huì xīngfèn de tiào qǐwǔ, wǒ yuànyì yòng wǒ de juéjì wéi dàwáng yǎnzòu." Qí xuānwáng tīng liǎo zhīhòu fēicháng dì gāoxìng, bùjiǎsīsuǒ de shōu xiàle tā, ràng tā gēn zháo sānbǎi gè yuèshī yītóng wèi tā yǎnzòu.

Cóng nà zhīhòu, nánguō xiānshēng jiù gēnzhe 300 gè yuèshī de duìwǔ yītóng wèi qí xuānwáng yǎnzòu, názhe hé qítā rén yīyàng yōuwò de xīnshuǐ hé shǎngcì, xīnzhōng fēicháng déyì.

Rán'ér, nánguō xiānshēng qíshí sāhuǎngle, tā gēnběn jiù bù huì chuī yú. Méi dào yǎnzòu de shíhòu, tā jiù shǒu lǐ názhe yú hùnzài duì zhōng, mófǎng zhě qítā rén chuī yú shí de dòngzuò, shénqíng, zhuāng chū yī fù tā hěn huì chuī yú de yàngzi, kàn shàngqù fēicháng de tóurù, yībān gēnběn jiù qiáo bù chū pòzhàn lái. Nánguō xiānsheng jiù kàozhe zhèyàng de fāngshì yītiān yītiān ménghùn guòguān, cóngzhōng bái nále xǔduō de xīnshuǐ.

Jiù zhèyàngguòle jǐ nián, qí xuānwáng qùshì, tā de érzi qí mǐn jìchéngle tā fùqīn de wángwèi, chéngwéile yī guózhī jūn. Qí mǐn wáng yě xǐhuān tīng yú, dànshì tā bù xǐhuān sānbǎi gèrén yīqǐ yǎnzòu, tā juédé sān gèrén yīqǐ yǎnzòu fēicháng de chǎo, tā xǐhuān dúzòu, tā juédé dúzòu fēicháng de yōuránzìdé, xiāoyáo zìzài. Yúshì qí mǐn wáng juédìng ràng sānbǎi gèrén lúnliú yǎnzòu yú gěi tā tīng. Yuèshīmen zhīdào zhège juédìng hòu, dōu fēicháng jījí de liànxí, xiǎng zhǎnshì zìjǐ. Dànshì nánguō xiānsheng gǎndào fēicháng huāngzhāng, bù zhīdào yīnggāi zěnme bàn. Tā sīqiánxiǎnghòu, juédé zìjǐ zhè cì bùguǎn zěnyàng dōu hùn bùguòqùle, yúshì liányè shōushí xínglǐ táozǒule.

Xiàng nánguō xiānsheng zhèyàng kēngmēng guǎipiàn de rén, piàn déliǎo yīshí, piàn bùliǎo yīshì, jiǎ de zuìzhōng dōu táo bù guò shíjiān de jiǎnyàn, huǎngyán zhōng jiāng huì bèi jiēchuān. Wǒmen zhǐyǒu jiānchí qínfèn, nǔlì xuéxí, zēngqiáng zìshēn nénglì, jiǎotàshídì, cáinéng zǒuxiàng chénggōng.

FOOLS BUY SHOES (愚人买鞋)

1	很久以前	Hěnjiǔ yǐqián	Far past; long before
2	书生	Shūshēng	Intellectual; scholar
3	埋头	Máitóu	Immerse oneself in; be engrossed in; lapse; duck
4	从来没有	Cónglái méiyǒu	Never
5	过门	Guòmén	Move into one's husband's household upon marriage
6	有一次	Yǒu yīcì	Once; on one occasion
7	走边	Zǒubiān	(Of actors playing military roles in traditional opera) walk with a light, cautious tread to suggest travel by night
8	无意识	Wú yì shí	Unconscious; automatic
9	过了一会儿	Guò le yīhuǐ'er	After a while; after a little; a moment later; after a time
10	疑惑地	Yíhuò de	With distrust
11	迟疑	Chíyí	Hesitate
12	自己的	Zìjǐ de	Self
13	醒悟	Xǐngwù	Come to realize the truth, one's error, etc.; wake up to reality
14	怎么办	Zěnme bàn	What to do now?; What should I do? What's to be done?
15	非常地	Fēicháng de	Bitterly; extremely; very; very much
16	着急	Zhāojí	Worry; feel anxious
17	不小心	Bù xiǎoxīn	Careless; by accident; incaution; carelessness

18	撞倒	Zhuàng dǎo	Knock down by bumping; run/shove/push down
19	书架	Shūjià	Bookshelf
20	灭火	Mièhuǒ	Put out a fire; extinguish a fire
21	乱七八糟	Luànqī bāzāo	Be out of order; all a hideous mess; be in wild disorder; be at sixes and sevens
22	翻开	Fān kāi	Open; turn and open; tear up
23	桔子	Júzi	Tangerine
24	去火	Qù huǒ	Reduce internal heat; relieve inflammation or fever
25	拿起	Ná qǐ	Pick up
26	桔子汁	Júzi zhī	Orange crush
27	嘴角	Zuǐjiǎo	Corners of the mouth
28	浇灭	Jiāo miè	Douse a fire
29	果然	Guǒrán	Really; as expected; sure enough
30	烧坏	Shāo huài	Burnout; burning-out
31	掌柜	Zhǎngguì	Shopkeeper; manager
32	热情地	Rèqíng de	Eagerly; with enthusiasm; fervidly
33	看了一眼	Kànle yīyǎn	Throw one's eye on
34	递给	Dì gěi	Handover; pass on
35	意想不到	Yì xiǎng bùdào	Unexpected; unimaginable
36	麻烦你	Máfan nǐ	Please; Excuse me; Troubling You
37	等一下	Děng yīxià	Wait a minute
38	一趟	Yī tàng	A trip; a ride
39	不知道	Bù zhīdào	A stranger to; have no idea; I don't know; No
40	试一下	Shì yīxià	Try; have a try; give it a try
41	小跑	Xiǎopǎo	Trot; jog
42	翻箱倒柜	Fānxiāng	Overturn the trunks and boxes;

		dǎoguì	carry off all that one has; empty everything from the trunks;
43	找到了	Zhǎodàole	Eureka; Found; find
44	留下来	Liú xiàlái	Remain; stay behind; leave behind; entail
45	开心地	Kāixīn dì	Happily; happy; amusedly
46	鞋店	Xié diàn	Shoe shop
47	气喘吁吁	Qì chuǎnxūxū	Be short of breath; be out of puff
48	书本	Shūběn	Book
49	拿起	Ná qǐ	Pick up
50	合适地	Héshì de	Suitably; properly; appropriately
51	佩服	Pèifú	Admire; have admiration for; hand it to somebody; have a high opinion of
52	还没有	Hái méiyǒu	Not yet
53	打断	Dǎ duàn	Break; break-in
54	难以置信	Nányǐ zhìxìn	Be hardly worthy of belief; be beyond belief; be difficult to believe; be rather hard to swallow
55	连忙	Liánmáng	Promptly; immediately; instantly; in a hurry
56	鞋子	Xiézi	Shoes
57	不对	Bùduì	Incorrect; wrong
58	家父	Jiāfù	A surname
59	明明	Míngmíng	Obviously; undoubtedly; plainly
60	拿出	Ná chū	Take out; produce
61	进去	Jìnqù	Go in; get in; enter; in
62	疑惑地	Yíhuò de	With distrust
63	步步	Bù bù	Step by step; at every step

64	看完	Kàn wán	Finish reading/watching
65	哈哈大笑	Hāhā dà xiào	Laugh heartily; laugh a shrill laugh; burst into hearty laughter; burst out into a fit of violent laughter
66	扑哧	Pūchī	Titter; snigger
67	小鞋	Xiǎo xié	Unjustifiable; difficult situation deliberately created to bring pressure on or persecute somebody
68	就这样	Jiù zhèyàng	That's it; That's all; in this way
69	变通	Biàntōng	Be flexible; accommodate something to circumstances; adapt something to circumstances
70	不可以	Bù kěyǐ	No; not allowed; mustn't
71	迷信	Míxìn	Superstition; superstitious belief; blind faith; blind worship
72	书本	Shūběn	Book
73	断章取义	Duànzhāng qǔyì	Interpret out of context; garble a statement; make a deliberate misinterpretation out of context; quote a remark out of its context
74	不一定	Bù yīdìng	Uncertain; not sure; not necessarily so
75	非得	Fēiděi	Have got to; must
76	教条主义	Jiàotiáo zhǔyì	Dogmatism
77	学识	Xuéshì	Learning; knowledge; scholarly attainments
78	固然	Gùrán	No doubt; it is true; true

Chinese (中文)

在很久以前，有一位书生，他整日埋头读书，从来没有出过门。有一次，他手里拿着书本，在屋中边走边读，在无意识间就走到了屋里的暖炉边儿，并把脚伸了进去，但他却对此全然不知。

过了一会儿，暖炉边儿窜上来了一股烟，他摇晃着头，非常疑惑地说道："这是哪儿来的烟啊？"

迟疑间，他突然觉得自己的脚疼，这才忽然醒悟："呀，我的鞋子烧着了！这可怎么办呢？"他的脚非常地疼，他也非常着急，不小心就撞倒了书架，一排排的书朝着他砸下去。他被压在了书堆下面，他努力的从书堆当中钻出来，开心道："既然书中自有黄金屋，那么书中也就自有灭火之道。"

不久，他就把家里的书翻得乱七八糟。在最后，他翻开一本书，里面写道："桔子性凉，可去火。"于是，他立即拿起桌子上的桔子拨开来吃。一不小心，一滴桔子汁从嘴角流下来，滴在了烧着的鞋子上，把火给浇灭了。他动了动已经被烧伤的脚，说到："书上说的果然是正确的！"

但是书生的鞋子已经被烧坏了，于是他就只好到街上去买。掌柜热情地问道："您要买鞋吗？请问您的脚是多大的尺寸呢？"

书生点了点头，犹豫着说道："尺寸？这个嘛……"卖鞋的掌柜看了一眼书生的脚，拿出了一双十寸的鞋子递给了书生。

让掌柜意想不到的是，书生没有接，而是转身就跑。他一边跑一边说："麻烦你等一下我，我回一趟家找尺寸去。"

掌柜感到非常疑惑道："不知道尺寸的话，用脚试一下不就好了吗？这个人真奇怪。"

书生光着一只脚，一路小跑回家。

到家之后，他开始在家里翻箱倒柜，一会儿翻翻箱子，一会儿翻翻柜子，终于找到了他地父亲留下来的书本，他非常开心地说道："这下就有尺寸了。"一边说着一边急忙向鞋店跑去。

书生气喘吁吁地拿着书本对掌柜说："尺寸，我找到尺寸了！"掌柜直接将鞋递给书生说到："您先试试这双鞋吧。"书生拿起鞋就往脚上穿，非常合适地就穿在了脚上，他非常佩服掌柜，说到："您是如何知道我的脚是……"书生的话还没有说完就被掌柜的一句"十寸"打断了。

书生难以置信，连忙脱下脚上合适的鞋子，打开手上的书，讲到："不对，不是这个尺寸，家父明明写的就是六寸，怎会是十寸呢？"他硬让掌柜拿出一双六寸的鞋给他。然而，他怎么穿都穿不进去。

鞋店的掌柜疑惑地拿起书生的书，书上面写着："吾儿七岁，着鞋六寸，脚随人长，步步前进"。看完书上写的，掌柜哈哈大笑，同时，听见扑哧一声，书生将六寸小鞋撑破了穿在脚上，但他却就这样穿着回家了。

这个故事告诉我们，我们要懂得灵活变通，不可以迷信书本，断章取义。有时候不一定非得按照教条主义来。我们要从实践中获取经验、获取学识。读书固然重要，但不可以读死书，要学会灵活应用。

Pinyin (拼音)

Zài hěnjiǔ yǐqián, yǒuyī wèi shūshēng, tā zhěng rì máitóu dúshū, cónglái méiyǒu chū guòmén. Yǒu yīcì, tā shǒu lǐ názhe shūběn, zài wū zhōng biān zǒubiān dú, zài wúyìshí jiān jiù zǒu dàole wū li de nuǎnlú biān er, bìng bǎ jiǎo shēnle jìnqù, dàn tā què duì cǐ quánrán bùzhī.

.Guòle yīhuǐ'er, nuǎnlú biān er cuàn shàngláile yī gǔ yān, tā yáohuàngzhe tóu, fēicháng yíhuò de shuōdao:"Zhè shì nǎ'er lái de yān a?"

Chíyí jiān, tā túrán juédé zìjǐ de jiǎo téng, zhè cái hūrán xǐngwù:"Ya, wǒ de xiézi shāozhele! Zhè kě zěnme bàn ne?" Tā de jiǎo fēicháng de téng, tā yě fēicháng zhāojí, bù xiǎoxīn jiù zhuàng dǎo le shūjià, yī pái pái de shū cháozhe tā zá xiàqù. Tā bèi yā zàile shū duī xiàmiàn, tā nǔlì de cóng shū duī dāngzhōng zuān chūlái, kāixīn dào:"Jìrán shū zhōng zì yǒu huángjīn wū, nàme shū zhōng yě jiù zì yǒu mièhuǒ zhīdào."

Bùjiǔ, tā jiù bǎ jiālǐ de shū fān dé luànqībāzāo. Zài zuìhòu, tā fān kāi yī běn shū, lǐmiàn xiě dào:"Júzi xìng liáng, kě qù huǒ." Yúshì, tā lìjí ná qǐ zhuōzi shàng de júzi bō kāi lái chī. Yī bù xiǎoxīn, yīdī júzi zhī cóng zuǐjiǎo liú xiàlái, dī zàile shāozhe de xiézi shàng, bǎ huǒ gěi jiāo mièle. Tā dòngle dòng yǐjīng bèi shāoshāng de jiǎo, shuō dào:"Shū shàng shuō de guǒrán shì zhèngquè de!"

Dànshì shūshēng de xiézi yǐjīng bèi shāo huàile, yúshì tā jiù zhǐhǎo dào jiē shàngqù mǎi. Zhǎngguì rèqíng de wèn dào:"Nín yāomǎi xié ma? Qǐngwèn nín de jiǎo shì duōdà de chǐcùn ne?"

Shūshēng diǎnle diǎntóu, yóuyùzhe shuōdao:"Chǐcùn? Zhège ma……" mài xié de zhǎngguì kànle yīyǎn shūshēng de jiǎo, ná chūle yīshuāng shí cùn de xiézi dì gěile shūshēng.

Ràng zhǎngguì yì xiǎngbùdào de shì, shūshēng méiyǒu jiē, ér shì zhuǎnshēn jiù pǎo. Tā yībiān pǎo yībiān shuō:"Máfan nǐ děng yīxià wǒ, wǒ huí yī tàng jiā zhǎo chǐcùn qù."

Zhǎngguì gǎndào fēicháng yíhuò dào:"Bù zhīdào chǐcùn dehuà, yòng jiǎo shì yīxià bù jiù hǎole ma? Zhège rén zhēn qíguài."

Shūshēng guāngzhe yī zhǐ jiǎo, yīlù xiǎopǎo huí jiā.

Dàojiā zhīhòu, tā kāishǐ zài jiālǐ fānxiāngdǎoguì, yīhuǐ'er fān fān xiāngzi, yīhuǐ'er fān fān guìzi, zhōngyú zhǎodàole tā de fùqīn liú xiàlái de shūběn, tā fēicháng kāixīn dì shuōdao:"Zhè xià jiù yǒu chǐcùnle." Yībiān shuōzhe yībiān jímáng xiàng xié diàn pǎo qù.

Shūshēngqì chuǎnxūxū de názhe shūběn duì zhǎngguì shuō:"Chǐcùn, wǒ zhǎo dào chǐcùnle!" Zhǎngguì zhíjiē jiāng xié dì gěi shūshēng shuō dào:"Nín xiān shì shì zhè shuāng xié ba." Shūshēng ná qǐ xié jiù wǎng jiǎo shàng chuān, fēicháng héshì de jiù chuān zàile jiǎo shàng, tā fēicháng pèifú zhǎngguì, shuō dào:"Nín shì rúhé zhī dào wǒ de jiǎo shì……" shūshēng dehuà hái méiyǒu shuō wán jiù bèi zhǎngguì de yījù "shí cùn" dǎ duànle.

Shūshēng nányǐ zhìxìn, liánmáng tuō xiàjiǎo shàng héshì de xiézi, dǎkāi shǒu shàng de shū, jiǎng dào:"Bùduì, bùshì zhège chǐcùn, jiāfù míngmíng xiě de jiùshì liù cùn, zěn huì shì shí cùn ne?" Tā yìng ràng zhǎngguì ná chū yīshuāng liù cùn de xié gěi tā. Rán'ér, tā zěnme chuān dōu chuān bù jìnqù.

Xié diàn de zhǎngguì yíhuò de ná qǐ shūshēng de shū, shū shàngmiàn xiězhe:"Wú er qī suì,zhe xié liù cùn, jiǎo suí rén zhǎng, bù bù qiánjìn". Kàn wán shū shàng xiě de, zhǎngguì hāhā dà xiào, tóngshí, tīngjiàn pūchī yīshēng, shūshēng jiāng liù cùn xiǎo xié chēng pòle chuān zài jiǎo shàng, dàn tā què jiù zhèyàng chuānzhuó huí jiāle.

Zhège gùshì gàosù wǒmen, wǒmen yào dǒngdé línghuó biàntōng, bù kěyǐ míxìn shūběn, duànzhāngqǔyì. Yǒu shíhòu bù yīdìng fēiděi ànzhào jiàotiáo zhǔyì lái. Wǒmen yào cóng shíjiàn zhōng huòqǔ jīngyàn, huòqǔ xuéshì. Dúshū gùrán zhòngyào, dàn bù kěyǐ dú sǐ shū, yào xuéhuì línghuó yìngyòng.

THE RABBIT ATE THE GRASS BESIDE THE NEST (兔子吃了窝边草)

1	小兔子	Xiǎo tùzǐ	Bunny; rabbit; little rabbit
2	独立生活	Dúlì shēnghuó	Independent living; to live independently; independence
3	牢记	Láojì	Keep firmly in mind; remember well; learn by heart; bear in mind
4	山坡	Shānpō	Hillside; mountain slope
5	自己的	Zìjǐ de	Self
6	起见	Qǐjiàn	For the purpose of; in order to
7	洞口	Dòngkǒu	Entrance to a cave
8	觅食	Mì shí	Forage (of animals)
9	就这样	Jiù zhèyàng	That's it; That's all; in this way
10	安安稳稳	Ān ānwěn wěn	Be firm and secure
11	兔子	Tùzǐ	Rabbit; hare
12	一阵	Yīzhèn	A burst; a fit; a puff; a peal
13	冷风	Lěngfēng	Cold air blast; cold-blast air
14	吹过	Chuīguò	Blow over
15	寒风	Hán fēng	Cold wind
16	很远	Hěn yuǎn	A long way off; far away; far from; so far
17	自己的	Zìjǐ de	Self
18	肚子	Dùzi	Abdomen; paunch; belly; tummy; tripe
19	大雪	Dàxuě	Great snow
20	吃掉	Chī diào	Eat up; take; annihilate; wipe out
21	充饥	Chōngjī	Allay one's hunger
22	反正	Fǎnzhèng	Come over from the enemy's side; anyway; anyhow; all the same; in

			any case
23	一点儿	Yīdiǎn er	A bit; a little
24	刮风	Guā fēng	Wind blowing
25	下雪	Xià xuě	Snow
26	有一天	Yǒu yītiān	One day; some day
27	睡梦	Shuìmèng	Sleep; slumber
28	察觉	Chájué	Be conscious of; become aware of; perceive
29	一丝	Yīsī	A little bit
30	不对劲	Bùduìjìn	Not in harmony; feeling not at par; listless
31	冲进	Chōng jìn	Burst in; rush in
32	非常害怕	Fēicháng hàipà	Dread; be terrified of; Be very afraid
33	堵住	Dǔ zhù	Block (a road)
34	开心地	Kāixīn dì	Happily; happy; amusedly
35	说到	Shuō dào	Mention; speak of; refer to; as to
36	第一次	Dì yī cì	First; for the first time
37	里面	Lǐmiàn	Inside; interior; inward
38	狡兔三窟	Jiǎotù sānkū	A clever rabbit has three burrows (holes) to hide during crisis times
39	于是	Yúshì	Thereupon; hence; consequently; as a result
40	教导	Jiàodǎo	Instruct; teach; give guidance; enlighten
41	故事	Gùshì	Story; tale; plot; old practice; routine
42	告诉	Gàosù	Tell; let know
43	谨记	Jǐn jì	Remember with reverence
44	长辈	Zhǎngbèi	Elder member of a family; elder; senior

45	教诲	Jiàohuì	Teaching; instruction
46	努力	Nǔlì	Make great efforts; try hard; exert oneself
47	想要	Xiǎng yào	Want; intend; wish
48	东西	Dōngxī	Thing; east and west; from east to west
49	懒惰	Lǎnduò	Lazy; idle
50	投机取巧	Tóujī qǔqiǎo	Do things by irregular ways

Chinese (中文)

以前，有一只小兔子叫三瓣，它长大后要去外面学习独立生活。临走之前，兔子妈妈给兔子三瓣说:"记住，一定不要吃窝边的草。"兔子牢记妈妈的话。它到了一座山之后，在山坡上打了个洞，建造起了自己的家，为了安全起见，它的家有三个出入的洞口。它一直记得妈妈教导他的话。总是到离洞口很远的地方去觅食。就这样安安稳稳地度过了秋天。

冬天到了，兔子三瓣走到洞口打算去觅食，结果一阵冷风吹过，兔子三瓣打了个冷颤。它不想顶着寒风去很远的地方去觅食。它心里想着:"就吃一次，明天我就出去找吃的。"它这样安慰着自己，把自己的肚子吃的鼓鼓的。

几天后，开始下起了大雪。兔子又将洞口的食物吃掉来充饥。它说:"反正我有三个洞口，每个洞口都有草，我只是在天气寒冷的时候吃一点儿而已，不会有什么事情的。"

因此，在这个寒冷的冬天，只要天气刮风、下雪，兔子都没有出去觅食，而是靠着窝边儿的草来充饥。

后来有一天，兔子在睡梦中察觉到一丝不对劲，它睁开眼睛到洞口，发现有一只狼在挖它的洞，想要冲进来吃掉它，兔子三瓣非常害怕，它赶紧打算从其他洞口出去，结果发现其它的俩个洞口都被石头堵住了。

狼见状开心地说到:"早在你第一次吃窝边草的时候，我就知道洞里面又一只兔子，但是我又知道狡兔三窟，于是我摸请了其他两个洞口，并且把它们堵住了。"兔子三瓣在这个时候在明白自己母亲 的 教 导 的 重 要 性 。

这个故事告诉我们要谨记长辈的教诲。要通过努力来获得自己想要的东西，不可懒惰、投机取巧。

Pinyin (拼音)

Yǐqián, yǒuyī zhǐ xiǎo tùzǐ jiào sān bàn, tā zhǎng dà hòu yào qù wàimiàn xuéxí dúlì shēnghuó. Lín zǒu zhīqián, tùzǐ māmā gěi tùzǐ sān bàn shuō:"Jì zhù, yīdìng bùyào chī wō biān de cǎo." Tùzǐ láojì māmā dehuà.

Tā dàole yīzuò shān zhīhòu, zài shānpō shàng dǎle gè dòng, jiànzào qǐle zìjǐ de jiā, wèile ānquán qǐjiàn, tā de jiā yǒusān gè chūrù de dòngkǒu. Tā yīzhí jìdé māmā jiàodǎo tā dehuà. Zǒng shì dào lí dòngkǒu hěn yuǎn dì dìfāng qù mì shí. Jiù zhèyàng ān ānwěn wěn de dùguòle qiūtiān.

Dōngtiān dàole, tùzǐ sān bàn zǒu dào dòngkǒu dǎsuàn qù mì shí, jiéguǒ yīzhèn lěngfēng chuīguò, tùzǐ sān bàn dǎle gè lěng zhan. Tā bùxiǎng dǐngzhe hán fēng qù hěn yuǎn dì dìfāng qù mì shí. Tā xīnlǐ xiǎngzhe:"Jiù chī yīcì, míngtiān wǒ jiù chūqù zhǎo chī de." Tā zhèyàng ānwèizhe zìjǐ, bǎ zìjǐ de dùzi chī de gǔ gǔ de.

Jǐ tiān hòu, kāishǐ xià qǐle dàxuě. Tùzǐ yòu jiāng dòngkǒu de shíwù chī diào lái chōngjī. Tā shuō:"Fǎnzhèng wǒ yǒu sān gè dòngkǒu, měi gè dòngkǒu dōu yǒu cǎo, wǒ zhǐshì zài tiānqì hánlěng de shíhòu chī yīdiǎn er éryǐ, bù huì yǒu shé me shìqíng de."

Yīncǐ, zài zhège hánlěng de dōngtiān, zhǐyào tiānqì guā fēng, xià xuě, tùzǐ dōu méiyǒu chūqù mì shí, ér shì kàozhe wō biān er de cǎo lái chōngjī.

Hòulái yǒuyītiān, tùzǐ zài shuìmèng zhōng chájué dào yīsī búduìjìn, tā zhēng kāi yǎnjīng dào dòngkǒu, fāxiàn yǒu yī zhǐ láng zài wā tā de dòng, xiǎng yào chòng jìnlái chī diào tā, tùzǐ sān bàn fēicháng hàipà, tā gǎnjǐn dǎsuàn cóng qítā dòngkǒu chūqù, jiéguǒ fāxiàn qítā de liǎ gè dòngkǒu dōu bèi shítou dǔ zhùle.

Láng jiàn zhuàng kāixīn dì shuō dào:"Zǎo zài nǐ dì yī cì chī wō biān cǎo de shíhòu, wǒ jiù zhīdào dòng lǐmiàn yǒu yī zhǐ tùzǐ, dànshì wǒ yòu zhīdào jiǎotùsānkū, yúshì wǒ mō qīngle qítā liǎng gè dòngkǒu, bìngqiě bǎ tāmen dǔ zhùle." Tùzǐ sān bàn zài zhège shíhòu zài míngbái zìjǐ mǔqīn de jiàodǎo de zhòngyào xìng.

Zhège gùshì gàosù wǒmen yào jǐn jì zhǎngbèi de jiàohuì. Yào tōngguò nǔlì lái huòdé zìjǐ xiǎng yào de dōngxī, bùkě lǎnduò, tóujīqǔqiǎo.

CAPTURE OSPREY (智擒鱼鹰)

#	汉字	Pinyin	English
1	鱼塘	Yú táng	Fishpond
2	周边	Zhōubiān	Perimeter; periphery
3	鱼鹰	Yúyīng	Osprey; fish hawk; sea eagle
4	不知道	Bù zhīdào	A stranger to; have no idea; I don't know; No
5	苦恼	Kǔnǎo	Vexed; worried; distressed; tormented
6	有一次	Yǒu yīcì	Once; on one occasion
7	挥手	Huīshǒu	Wave; wave one's hand
8	赶跑	Gǎn pǎo	Drive away
9	灵机一动	Língjī yīdòng	Suddenly have an idea; a bright idea occurs
10	好办法	Hǎo bànfǎ	Good idea; tweak; come up with
11	稻草人	Dàocǎo rén	Scarecrow
12	蓑衣	Suōyī	Straw rain cape; palm-bark rain cape
13	斗笠	Dǒulì	Bamboo hat; large rain hat
14	伸开	Shēn kāi	Stretch out
15	养鱼	Yǎng yú	Fish-farming; fish farm; fish culture
16	竹竿	Zhúgān	Bamboo pole; bamboo
17	驱赶	Qūgǎn	Drive; drift
18	刚开始	Gāng kāishǐ	At first; get off the ground; in the beginning
19	非常害怕	Fēicháng hàipà	Dread; be terrified of; Be very afraid
20	飞来飞去	Fēi lái fēi qù	Fly round and round; butterfly; flit to and fro; fly hither and thither
21	就这样	Jiù zhèyàng	That's it; That's all; in this way
22	果然	Guǒrán	Really; as expected; sure enough

23	一动	Yīdòng	A move; a jerk; a jolt; move once
24	假人	Jiǎ rén	Dummy
25	吃饱	Chī bǎo	Have eaten one's fill; be full
26	胳膊	Gēbó	Arm
27	嘲笑	Cháoxiào	Ridicule; deride; jeer at; make fun of
28	肩膀	Jiān bǎng	Shoulder
29	过了一会儿	Guò le yīhuǐ'er	After a while; after a little
30	悄悄地	Qiāoqiāo de	Quietly; stealthily; secretly
31	前几天	Qián jǐ tiān	A few days ago; another day
32	晒太阳	Shài tàiyáng	Bask; sunbathe; bask in the sun
33	不注意	Bù zhùyì	Inattention
34	一把抓住	Yībǎzhuā zhù	Take hold of; catch one by the arm; grab hold of
35	挥动	Huīdòng	Brandish; wave
36	我们不能	Wǒmen bùnéng	We cannot
37	吃亏	Chīkuī	Suffer losses; come to grief; get the worst of it; take a beating
38	想办法	Xiǎng bànfǎ	Think of a way; try to find a solution
39	解决问题	Jiějué wèntí	Solve a problem; settle a dispute
40		Yú táng	

Chinese (中文)

以前有个人，他们家里有一片鱼塘，他每年的收入都来自这片鱼塘。但是鱼塘的周边有很多的鱼鹰，鱼鹰常常抓鱼塘里的鱼来吃，赶也赶不走，抓也不知道怎么抓，鱼塘的主人因此非常的苦恼。

有一次，鱼鹰又来抓鱼吃鱼塘的主人看到后朝他们挥了挥手赶它们，鱼鹰便被赶跑了。鱼塘的主人忽然间灵机一动，想到了个好办法。

他用稻草做了一个的稻草人，稻草人身穿蓑衣，头上戴着斗笠，手臂伸开，养鱼人用一根竹竿将稻草人固定住。稻草人的样子长得非常像鱼塘的主人。他把稻草人插在鱼塘里来驱赶鱼鹰。

刚开始，鱼鹰以为稻草人是真的人，感到非常害怕，只敢在鱼塘上空飞来飞去，不敢在鱼塘里抓鱼。就这样过了几天，鱼鹰果然就没有再来吃鱼。

但是慢慢的，鱼鹰发现鱼塘里的人一动也不动，就疑惑起来，于是大胆的飞下来看，结果发现鱼塘里的人是个假人，于是它们就又开始飞下来抓鱼吃。

鱼鹰吃了一天又一条的鱼，吃饱了，就站在稻草人伸出去的胳膊上，又或者站在稻草人的斗笠上休息，一边晒着太阳，一边"假…假…假"地叫着，仿佛在嘲笑鱼塘的主人："这个人是假的！是假的！"

鱼塘的主人见状感到非常的生气，他愤怒地看着站在稻草人肩膀上的鱼鹰，过了一会儿，他又想到了一个办法。

趁着鱼鹰不在的时候，鱼塘的主人悄悄地把鱼塘里的稻草人拔了出来，自己穿上蓑衣，戴上斗笠，伸开胳膊站在了鱼塘里，假装自己就是一个稻草人。

一会儿之后，鱼鹰飞来了，鱼鹰以为池塘里的人还是前几天的假人，于是就放心大胆的抓鱼吃。吃饱后又飞到鱼塘主人的肩膀上开始晒太阳休息。

鱼塘的主人趁着鱼鹰不注意，一把抓住鱼鹰的双脚，被抓住的鱼鹰使劲儿地挥动着翅膀，但是无论他多么用力都挣脱不开。鱼塘的主人笑着说道："以前是假的，可是现在是真的呀！"

这个故事告诉我们事物的发展是不断变化的，我们不能一直凭借之前的经验来做事，要注意发现新的情况，才能不吃亏。从鱼塘的主人身上我们可以知道我们要学会发现问题，发现问题后要想办法解决问题。

Pinyin (拼音)

Yǐqián yǒu gèrén, tāmen jiā li yǒu yīpiàn yú táng, tā měinián de shōurù dōu láizì zhè piàn yú táng. Dànshì yú táng de zhōubiān yǒu hěnduō de yúyīng, yúyīng chángcháng zhuā yú táng lǐ de yú lái chī, gǎn yě gǎn bu zǒu, zhuā yě bù zhīdào zěnme zhuā, yú táng de zhǔrén yīncǐ fēicháng de kǔnǎo.

Yǒu yīcì, yúyīng yòu lái zhuā yú chī yú táng de zhǔrén kàn dào hòu cháo tāmen huīle huīshǒu gǎn tāmen, yúyīng biàn bèi gǎn pǎole. Yú táng de zhǔrén hūrán jiān língjī yīdòng, xiǎngdàole gè hǎo bànfǎ.

Tā yòng dàocǎo zuòle yīgè de dàocǎorén, dàocǎorén shēn chuān suōyī, tóu shàng dàizhe dǒulì, shǒubì shēn kāi, yǎng yú rén yòng yī gēn zhúgān jiāng dàocǎorén gùdìng zhù. Dàocǎorén de yàngzi zhǎng dé fēicháng xiàng yú táng de zhǔrén. Tā bǎ dàocǎorén chā zài yú táng lǐ lái qūgǎn yúyīng.

Gāng kāishǐ, yúyīng yǐwéi dàocǎorén shì zhēn de rén, gǎndào fēicháng hàipà, zhǐ gǎn zài yú táng shàngkōng fēi lái fēi qù, bù gǎn zài yú táng lǐ zhuā yú. Jiù zhèyàngguòle jǐ tiān, yúyīng guǒrán jiù méiyǒu zàilái chī yú.

Dànshì màn man de, yúyīng fāxiàn yú táng lǐ de rén yīdòng yě bù dòng, jiù yíhuò qǐlái, yúshì dàdǎn de fēi xiàlái kàn, jiéguǒ fāxiàn yú táng lǐ de rén shìgè jiǎ rén, yúshì tāmen jiù yòu kāishǐ fēi xiàlái zhuā yú chī.

Yúyīng chīle yītiān yòu yītiáo de yú, chī bǎole, jiù zhàn zài dàocǎorén shēn chūqù de gēbó shàng, yòu huòzhě zhàn zài dàocǎorén de dǒulì shàng xiūxí, yībiān shàizhe tàiyáng, yībiān "jiǎ…jiǎ…jiǎ" de jiàozhe, fǎngfú zài cháoxiào yú táng de zhǔrén:"Zhège rén shì jiǎ de! Shì jiǎ de!"

Yú táng de zhǔrén jiàn zhuàng gǎndào fēicháng de shēngqì, tā fènnù de kànzhe zhàn zài dàocǎorén jiānbǎng shàng de yúyīng, guòle yīhuǐ'er, tā yòu xiǎngdàole yīgè bànfǎ.

Chènzhe yúyīng bùzài de shíhòu, yú táng de zhǔrén qiāoqiāo de bǎ yú táng lǐ de dàocǎorén bále chūlái, zìjǐ chuān shàng suōyī, dài shàng dǒulì, shēn kāi gēbó zhàn zàile yú táng lǐ, jiǎzhuāng zìjǐ jiùshì yīgè dàocǎorén.

Yīhuǐ'er zhīhòu, yúyīng fēi láile, yúyīng yǐwéi chítáng lǐ de rén háishì qián jǐ tiān de jiǎ rén, yúshì jiù fàngxīn dàdǎn de zhuā yú chī. Chī bǎo hòu yòu fēi dào yú táng zhǔrén de jiānbǎng shàng kāishǐ shài tàiyáng xiūxí.

Yú táng de zhǔrén chènzhe yúyīng bù zhùyì, yībǎzhuā zhù yúyīng de shuāng jiǎo, bèi zhuā zhù de yúyīng shǐjìn er de huīdòngzhe chìbǎng, dànshì wúlùn tā duōme yònglì dōu zhēngtuō bù kāi. Yú táng de zhǔrén xiàozhe shuōdao:"Yǐqián shì jiǎ de, kěshì xiànzài shì zhēn de ya!"

Zhège gùshì gàosù wǒmen shìwù de fā zhǎn shì bùduàn biànhuà de, wǒmen bùnéng yīzhí píngjiè zhīqián de jīngyàn lái zuòshì, yào zhùyì fāxiàn xīn de qíngkuàng, cáinéng bù chīkuī. Cóng yú táng de zhǔrén shēnshang wǒmen kěyǐ zhīdào wǒmen yào xuéhuì fāxiàn wèntí, fāxiàn wèntí hòu yào xiǎng bànfǎ jiějué wèntí

KNOW A MISTAKE AND THEN CORRECT IT (亡羊补牢)

1	在早晨	Zài zǎochén	In the morning; at night; on the morning of
2	放羊	Fàngyáng	Herd sheep; let things drift
3	一直到	Yīzhí dào	Through; up to
4	回到家	Huí dàojiā	Get home; go back home; get in
5	羊圈	Yáng juàn	Sheepfold; sheep pen
6	桩子	Zhuāngzi	Stake; pile; picket, piquet
7	有一天	Yǒu yītiān	One day; some day
8	牧民	Mùmín	Herdsman; a governor or magistrate in ancient China; govern the people
9	仔细观察	Zǐxì guānchá	Examine; scrutiny
10	在夜里	Zài yèlǐ	At night; by night; of nights; on night
11	邻居	Línjū	Neighbor
12	劝说	Quànshuō	Persuade; advise; talk into
13	赶紧	Gǎnjǐn	Lose no time; hasten; run
14	说到	Shuō dào	Mention; speak of; refer to; as to
15	反正	Fǎnzhèng	Come over from the enemy's side; anyway; anyhow; all the same; in any case
16	进来	Jìnlái	Come in; get in; enter; in
17	后悔	Hòuhuǐ	Regret; remorse; repent
18	听取	Tīngqǔ	Listen to
19	好意	Hǎoyì	Good intention; kindness
20	里里外外	Lǐ lǐ wài wài	Inside and outside; in and out
21	结实	Jiēshi	Solid; sturdy; durable; strong; bear

22	从此以后	Cóngcǐ yǐhòu	From this moment on, henceforth
			fruit; seed; fructify; fruit
23	寓言故事	Yùyán gùshì	Fable; Fables; parable
24	犯错	Fàncuò	Err; make a mistake
25	挫折	Cuòzhé	Setback; reverse; frustration; frustrate
26	吸取	Xīqǔ	Absorb; draw; suck up; assimilate
27	教训	Jiàoxùn	Lesson; moral
28	及时地	Jíshí de	In due course of time
29	采取措施	Cǎiqǔ cuòshī	Take steps; take measures; take measures to; take a step; adopt measures
30	弥补	Míbǔ	Make up; remedy; make good; offset
31	战胜	Zhànshèng	Defeat; triumph over; vanquish; overcome

Chinese (中文)

以前有一位专门养羊的农民，他经常在早晨的时候就去放羊了，一直到傍晚的时候才回家，回到家后，他就就将羊圈到用木头桩子和稻草围成地羊圈里。

有一天早上，这个牧民去放羊，结果发现羊圈里面少了一只羊。他仔细观察羊圈，发现羊圈破了个洞，在夜里的时候狼从这个洞里面钻进来，抓走了一只羊。牧民的邻居劝说他："赶紧把羊圈修一修，把破了的洞修一修，补一补。"

这个牧民说到:"反正羊都已经被狼抓走了,我修羊圈干什么?"在第二天早晨,牧民去放羊,结果发现羊又少了一只。原来是狼又从那个洞里钻进来抓走了一只羊。

牧民非常后悔没有听取邻居好意的劝说,去修羊圈里破了的洞。于是,他立即去修羊圈,堵上了那个洞。而且又把羊圈里里外外都修的结结实实的。从此以后,他的羊就再也没有丢过。

这个寓言故事告诉我们,不管是犯错还是遇到挫折,我们都不能不管不顾,我们应该从错误中吸取经验教训,并且要及时地采取措施去弥补错误、战胜挫折。这样就可以避免错误,可以不断提升自己。

Pinyin (拼音)

Yǐqián yǒuyī wèi zhuānmén yǎng yáng de nóngmín, tā jīngcháng zài zǎochén de shíhòu jiù qù fàngyángle, yīzhí dào bàngwǎn de shíhòu cái huí jiā, huí dàojiā hòu, tā jiù jiù jiāng yáng juàn dào yòng mùtou zhuāngzi hé dàocǎo wéi chéng de yáng juàn lǐ.

Yǒu yītiān zǎoshang, zhège mùmín qù fàngyáng, jiéguǒ fāxiàn yáng juàn lǐmiàn shǎole yī zhǐ yáng. Tā zǐxì guānchá yáng juàn, fāxiàn yáng juàn pòle gè dòng, zài yèlǐ de shíhòu láng cóng zhège dòng lǐmiàn zuān jìnlái, zhuā zǒule yī zhǐ yáng. Mùmín de línjū quànshuō tā:"Gǎnjǐn bǎ yáng juàn xiūyī xiū, bǎ pòle de dòng xiūyī xiū, bǔ yī bǔ."

Zhège mùmín shuō dào:"Fǎnzhèng yáng dōu yǐjīng bèi láng zhuā zǒule, wǒ xiū yáng juàn gànshénme?" Zài dì èr tiān zǎochén, mùmín qù fàngyáng, jiéguǒ fāxiàn yáng yòu shǎole yī zhǐ. Yuánlái shì láng yòu cóng nàgè dòng lǐ zuān jìnlái zhuā zǒule yī zhǐ yáng.

Mùmín fēicháng hòuhuǐ méiyǒu tīngqǔ línjū hǎoyì de quànshuō, qù xiū yáng juàn lǐ pòle de dòng. Yúshì, tā lìjí qù xiū yáng juàn, dǔ shàngle nàgè dòng. Érqiě yòu bǎ yáng juàn lǐ lǐ wài wài dōu xiū de jié jiēshi shí de. Cóngcǐ yǐhòu, tā de yáng jiù zài yě méiyǒu diūguò.

Zhège yùyán gùshì gàosù wǒmen, bùguǎn shì fàncuò háishì yù dào cuòzhé, wǒmen dōu bùnéng bùguǎn bùgù, wǒmen yīnggāi cóng cuòwù zhōng xīqǔ jīngyàn jiàoxùn, bìngqiě yào jíshí dì cǎiqǔ cuòshī qù míbǔ cuòwù, zhànshèng cuòzhé. Zhèyàng jiù kěyǐ bìmiǎn cuòwù, kěyǐ bùduàn tíshēng zìjǐ.

www.QuoraChinese.com